基督教文化研究丛书

主编 何光沪 高师宁

八编 第 8 册

改变与认同：瑞华浸信会与山东地方社会

陈 静 著

花木兰文化事业有限公司

国家图书馆出版品预行编目资料

改变与认同：瑞华浸信会与山东地方社会／陈静 著 -- 初版
-- 新北市：花木兰文化事业有限公司，2022〔民111〕
目 2+162 面；19×26 公分
（基督教文化研究丛书 八编 第 8 册）
ISBN 978-986-518-697-5（精装）
1.CST：瑞华浸信会 2.CST：基督教 3.CST：教会
4.CST：个案研究
240.8 110022053

ISBN-978-986-518-697-5

基督教文化研究丛书
八编 第八册 ISBN：978-986-518-697-5

改变与认同：瑞华浸信会与山东地方社会

作 者 陈 静
主 编 何光沪 高师宁
执行主编 张 欣
企 划 北京师范大学基督教文艺研究中心
总 编 辑 杜洁祥
副总编辑 杨嘉乐
编辑主任 许郁翎
编 辑 张雅淋、潘玟静、刘子瑄 美术编辑 陈逸婷
出 版 花木兰文化事业有限公司
发 行 人 高小娟
联络地址 台湾 235 新北市中和区中安街七二号十三楼
 电话：02-2923-1455／传真：02-2923-1452
网 址 http://www.huamulan.tw 信箱 service@huamulans.com
印 刷 普罗文化出版广告事业
初 版 2022 年 3 月
定 价 八编 16 册（精装） 台币 45,000 元

改变与认同：瑞华浸信会与山东地方社会

陈静 著

作者简介

陈静（1987-），山东潍坊人，北京交通大学马克思主义学院副教授。2006-2010 年，在华东师范大学历史系就读，获得历史学学士学位；2010-2013 年，在山东大学历史文化学院就读，获得历史学硕士学位；2013-2016 年，在香港中文大学历史系就读，获得历史学博士学位。研究领域包括中西文化交流史、山东地方史，曾发表论文十余篇，主持国家社科基金后期资助项目 1 项，山东省社会科学规划研究项目 1 项，山东省人文社会科学课题 1 项，山东省艺术科学重点课题 1 项，济南市社会科学规划研究项目 1 项。

提　　要

　　1891-1962 年，瑞华浸信会在中国宣教共 61 年，并成为山东胶州—高密—诸城一带最具影响力的西方基督教差会。瑞华浸信会的发展进程始终呈现出本色化的趋势，中国同工积极参与教会事务，但传教士仍然是该差会的领导者和决策者，中国同工只扮演差会工作参与管理者的角色。作为一个地方社会团体，瑞华浸信会本色化进程受到本土社会诸多因素的影响，其中地方政权的影响异常明显。面对国民政府的立案要求，瑞华浸信会积极因应，努力寻求宗教与政治之间的支撑和平衡点。另外，瑞华浸信会传教士在中国不同战争中处境的变化也在不断塑造和改变着传教士的身份，使其在"他们"和"我们"之间不断地游离。其中，从"他们"向"我们"的身份改变成为在华传教士融入本土社会的主要路径，这也成为该会本色化进程的一部分。总之，瑞华浸信会与当地社会的互动使得教会显现出诸多本色化的特性，但是由于各种因素的限制，该会的本色化并未达到理想中的程度，从而使得该会呈现出既不同于西方差会也有别于纯粹土生土长的基督教派的特性，进而形成了一个中西文化元素复合下的具有鲜明本土特性的地方教会。

"基督教文化研究丛书"总序

何光沪 高师宁

基督教产生两千年来,对西方文化以至世界文化产生了广泛深远的影响——包括政治、社会、家庭在内的人生所有方面,包括文学、史学、哲学在内的所有人文学科,包括人类学、社会学、经济学在内的所有社会科学,包括音乐、美术、建筑在内的所有艺术门类……最宽广意义上的"文化"的一切领域,概莫能外。

一般公认,从基督教成为国教或从加洛林文艺复兴开始,直到启蒙运动或工业革命为止,欧洲的文化是彻头彻尾、彻里彻外地基督教化的,所以它被称为"基督教文化",正如中东、南亚和东亚的文化被分别称为"伊斯兰文化"、"印度教文化"和"儒教文化"一样——当然,这些说法细究之下也有问题,例如这些文化的兴衰期限、外来因素和内部多元性等等,或许需要重估。但是,现代学者更应注意到的是,欧洲之外所有人类的生活方式,即文化,都与基督教的传入和影响,发生了或多或少、或深或浅、或直接或间接,或片面或全面的关系或联系,甚至因它而或急或缓、或大或小、或表面或深刻地发生了转变或转型。

考虑到这些,现代学术的所谓"基督教文化"研究,就不会限于对"基督教化的"或"基督教性质的"文化的研究,而还要研究全世界各时期各种文化或文化形式与基督教的关系了。这当然是一个多姿多彩的、引人入胜的、万花筒似的研究领域。而且,它也必然需要多种多样的角度和多学科的方法。

在中国,远自唐初景教传入,便有了文辞古奥的"大秦景教流行中国碑颂并序",以及值得研究的"敦煌景教文献";元朝的"也里可温"问题,催生了民国初期陈垣等人的史学杰作;明末清初的耶稣会士与儒生的交往对话,带来了中西文化交流的丰硕成果；十九世纪初开始的新教传教和文化活动，更造成了中国社会、政治、文化、教育诸方面、全方位、至今不息的千古巨变……所有这些，为中国（和外国）学者进行上述意义的"基督教文化研究"提供了极其丰富、取之不竭的主题和材料。而这种研究，又必定会对中国在各方面的发展，提供重大的参考价值。

就中国大陆而言，这种研究自 1949 年基本中断，至 1980 年代开始复苏。也许因为积压愈久，爆发愈烈，封闭越久，兴致越高，所以到 1990 年代，以其学者在学术界所占比重之小，资源之匮乏、条件之艰难而言，这一研究的成长之快、成果之多、影响之大、领域之广，堪称奇迹。

然而，作为所谓条件艰难之一例，但却是关键的一例，即发表和出版不易的结果，大量的研究成果，经作者辛苦劳作完成之后，却被束之高阁，与读者不得相见。这是令作者抱恨终天、令读者扼腕叹息的事情，当然也是汉语学界以及中国和华语世界的巨大损失！再举一个意义不小的例子来说，由于出版限制而成果难见天日，一些博士研究生由于在答辩前无法满足学校要求出版的规定而毕业受阻，一些年轻教师由于同样原因而晋升无路，最后的结果是有关学术界因为这些新生力量的改行转业，后继乏人而蒙受损失！

因此，借着花木兰出版社甘为学术奉献的牺牲精神，我们现在推出这套采用多学科方法研究此一主题的"基督教文化研究丛书"，不但是要尽力把这个世界最大宗教对人类文化的巨大影响以及二者关联的方方面面呈现给读者，把中国学者在这些方面研究成果的参考价值贡献给读者，更是要尽力把世纪之交几十年中淹没无闻的学者著作，尤其是年轻世代的学者著作对汉语学术此一领域的贡献展现出来，让世人从这些被发掘出来的矿石之中，得以欣赏它们放射的多彩光辉！

2015 年 2 月 25 日
于香港道风山

目

次

前　言

　　他的脑海里闪烁着被遗留在万里之外的童年往事，两滴眼泪从眼睛里涌出来。

　　"你怎么啦？"母亲惊讶地问。

　　他不好意思地干笑几声，用粗大的手指关节抹去眼眶下的泪。"没有什么，"他说，"我来到中国……我到中国多少年啦？"

　　母亲不快地说："从我一懂事那天你就在这儿，你是土包子，跟我一样。"

　　他说："不对，我有自己的国籍，我是上帝派来的使者，我曾经保留着大主教派我来传教的有关文件。"

　　母亲笑道："老马，我姑夫跟我说，你是个假洋鬼子，你那些文件什么的，都是请平度县的画匠画的。"

　　"胡说！"马洛亚牧师像受到巨大侮辱一样跳起来……沮丧地说："连你都不相信我是瑞典人，还能指望谁相信呢？"[1]

　　这是 2012 年诺贝尔文学奖获得者莫言的小说《丰乳肥臀》的主人公上官金童生身父母的一段对话。马洛亚，这位居住在高密东北乡的瑞典传教士，在中国生活了几十年，其外国人的身份在岁月的磨合中逐渐被当地乡民甚至自己所淡漠遗忘。尽管文学作品存在虚构成分，但可以肯定马洛亚的形象来源于在高密生活的瑞典传教士。近代以来，在高密一带活动的瑞典差会称为

1　莫言：《丰乳肥臀》，北京：作家出版社，2012 年，第 66 页。

瑞华浸信会（Swedish Baptist Mission），其宣教区域主要集中于胶州、诸城、高密和胶南一带，这也是唯一一个在山东传教的瑞典差会。

本研究无意于追溯马洛亚的人物原型，却希冀以此为缘起从地方社会的视野来探讨瑞华浸信会与近代山东地方社会的互动。胶州作为中国古代重要的港口和商贸重镇，素有"海表明邦"和"金胶州"之称，后因大运河的开通和海禁政策而逐渐衰弱。近代以来，尽管胶州因青岛开埠和胶济铁路的建设获得了一定的发展，却与先前的繁盛不可同日而语。但是，胶州士绅阶层却并未因经济的衰败而没落，且尊师重道的自我暗示与行为示范的民众期许使其精英特性更加突出。那么，瑞华浸信会何以选择胶州一带作为宣教区域？本地固有的地域和人文因素又会如何影响宣教的策略和效果？该差会进入此地域之后的实际处境如何？这些都是本研究所意欲回答的问题。

可以说，与同在山东传教的浸礼宗差会英国浸礼会和美南浸信会相比，瑞华浸信会无论在传教势力还是影响范围上都要小。对这样一个宗派个案和区域史进行研究既不会重写山东的传教历史，也很容易陷入纯粹补白性质的宗派史个案研究的境地。然而，对于学术研究而言，真正有意义的是并非依据研究对象的大小所作的简单选择，而是对文本本身解读的广度和深度，以及这种解读对于相关学科研究的推展意义。为了说明这一问题，笔者先对山东区域宗派史的研究脉络做简要的梳理。

一、学术史回顾

基督教区域史和宗派史本就是两个相互重叠的研究领域，区域史的研究一般是以一个或者多个宗派为中心，某个宗派史的研究也会集中在特定的区域。但是，以往的研究却往往集中于对某一方面的论述，从而忽视了另一方的作用。这样的论述，或是关于某宗派传教历史的通史类叙述[2]，或成为地域性基督教史的文献梳理[3]，而真正从两者互动角度进行的区域宗派史研究却并不多见，山东区域宗派史的研究亦是如此。

---

2 关于宗派的个案研究主要集中于伦敦会、内地会、浸会、长老会、圣公会、循道会等数个在华势力较大的差会，且差会所属国多集中于北美和西欧各国。

3 关于区域性基督教史的研究主要集中于台湾、香港、广东、福建、北京、上海等地，其他一些地区的基督教史如东北、江西、山西和陕西等省也有地域基督教史研究成果面世，另外边疆基督教史也有一定的研究成果。

作为基督教在华传教的重要区域，山东基督教区域研究一直是学术界研究的重要课题。Alexander Armstrong 早在 1912 年便出版了《山东》[4]一书，讲述了山东的地理和历史状况，同时对山东省的传教差会作了介绍。1912 年，英国浸礼会传教士法思远（Robert Conventry Forsyth）主编的《中国圣省山东》[5]对山东的传教差会和部分传教士进行了介绍，是了解晚清山东新教差会的重要史料。1940 年，奚尔恩（John J. Heeren）的专著《在山东前线》[6]梳理了美北长老会在山东的传教历史。之后，小海亚特（Irwin T. Hyatt, Jr.）于 1978 年出版了《十九世纪山东东部的三个美国传教士》[7]，描述了高第丕、慕拉弟和狄考文在山东的传教活动，同时也涉及了美南浸信会和美国长老会在山东的传教活动。上述作品侧重于对山东差会发展历程的梳理，或是对传教士宣教活动的史实钩沉，虽然还不能真正算作区域宗派史的研究范畴，但也具有一定的史料价值。

1994 年，英国白金汉大学克里夫（Norman Howard Cliff）的博士论文《山东省新教运动的历史（1859-1951）》[8]一文借助西文文献对在山东传教的新教差会的活动进行了系统的描述，却仍难免受宗派史论述框架的影响。另外，陶飞亚教授和刘天路教授合著的《基督教会与近代山东社会》[9]是山东基督教区域史研究的一大力作。此著作将研究范围界定在基督教新教在山东的活动，在历史发展的动态过程中具体考察基督教会在这一特定的地区中从事的活动、产生的复杂社会影响以及基督教会自身在社会环境作用下所经历的变化。值得称道的是，该著作突破了当时存在的"文化侵略模式"，并涉及到

4　Alex Armstrong, *Shantung（China）: a general outline of the geography and history of the province: a sketch of its missions, and notes of a journey to the tomb of Confucius*, Shanghai Mercury Office, 1891.

5　Robert Conventry Forsyth Compiled and Edited, *Shantung, The Sacred Province of China in Some of Its Aspect, being a collection of articles relating to Shantung, including brief histories*, Shanghai: Christian Literature Society, 1912.

6　John J. Heeren, *On the Shandong Front, a history of the Shantung Mission of the Presbyterian Church in the U. S. A., 1861-1940 in its historical, economic, and political setting*, New York: The Board of foreign missions of the Presbyterian church in the United States of America, 1940.

7　Irwin T. Hyatt, Jr., *Our Ordered Lives Confess: Three Nineteenth Century American Missionaries in East Shantung*, Cambridge, Massachusetts and London, England: Harvard University Press, 1976.

8　Norman Howard Cliff, *A History of the Protestant Movement in Shandong Province, China, 1859-1951*, Ph.D. dissertation, Buckingham: The University of Buckingham, 1994.

9　陶飞亚、刘天路：《基督教会与近代山东社会》，济南：山东大学出版社，1995 年。

了山东社会与基督教会的互动，但其考察的重点在政教关系，对基督教会与山东社会其他面相的互动分析较少。

从区域角度出发对山东基督教历史进行的研究也出现在义和团研究的著述之中。狄德满教授（Rolf Gerhard Tiedemann）的《华北的暴力和恐慌：义和团运动前夕基督教传播和社会冲突》[10]借助环境生态学和地缘政治学理论对鲁南地区的农村暴动进行了分析。狄德满教授认为鲁南地区特有的社会、文化和地理环境造就了该地域农村暴动频仍，而基督教的出现促使了当地的集体暴力向西方势力进攻的转变，这也是基督教与山东社会磨合过程中的重要特征。周锡瑞（Joseph W. Esherick）教授在《义和团运动的起源》[11]中将山东分为六大区域，即胶东半岛、济南昌邑一带、鲁南山区、济宁、鲁西南和鲁西北，并指出鲁西社会贫困、自然灾害频仍、盗贼活动猖獗和士绅力量薄弱等因素是义和团在此地出现的内在因素，而传教士对诉讼案的干涉和对教民的无原则庇护使得基督教遭到当地民众的普遍反感。尽管，上述两本著作皆以地方性的视角展开论述，但因讨论的主题是中国民众发起的义和团运动，故对地域特殊性与基督教发展的关系并未过多的涉及。

德国学者余凯思（Klaus Mühlhahn）的专著《在"模范殖民地"胶州湾的统治与抵抗——1867-1914年中国与德国的相互作用》[12]与本研究关注的地域大致相同。作者同样描述了胶州的地域特殊性，但是这种特殊性是建立在德国殖民地选择的基础之上，而且作者将传教视为殖民主义的一部分加以论述。虽然作者指出传教是在基督教与当地社会相互作用的过程中进行的，但是作者并未讨论胶州地区与基督教的相互作用，而是将视野转向在鲁南传教的德国圣言会，且重点探讨了巨野教案和义和团运动。可见，作者关注的并非德国在胶州建立殖民地后基督教与当地社会的互动，而是转向德国进驻之前整个山东特别是鲁南的传教状况。

---

10 （德）狄德满：《华北的暴力和恐慌：义和团运动前夕基督教传播和社会冲突》，崔华杰译，南京：江苏人民出版社，2011年。（此著述由狄德满教授1991年的博士论文修改而成：Rolf Gerhard Tiedemann, *Rural Unrest in North China, 1868-1900: With Particular Reference to South Shandong*, Ph.D. dissertation, London: University of London, 1991.）

11 （美）周锡瑞：《义和团运动的起源》，张俊义、王栋译，南京：江苏人民出版社，1995年。

12 （德）余凯思：《在"模范殖民地"胶州湾的统治与抵抗——1867-1914年中国与德国的相互作用》，孙立新译，刘新利校，济南：山东大学出版社，2005年。

　　除了上述专著的发表，资料编纂也取得了一定的成果。除了义和团研究的资料编撰[13]之外，山东师范大学郭大松教授和田海林教授编撰的《山东宗教历史与现状调查资料选》[14]、郭大松教授编译的《中西文化交流的先驱与桥梁——近代山东早期来华基督新教传教士及其差会工作》[15]和德国侵占胶州湾的史料编撰[16]都是研究山东基督教发展史的重要史料。关于山东基督教区域发展史的研究，尚有部分硕士论文[17]，因尚需完善的空间较大，在此不再详细介绍。

　　综上所述，山东基督教区域宗派史的研究虽然取得了一定的成果，但仍有很大的进步空间。而关于瑞华浸信会的研究，学界更是几乎未曾涉及。其中，中国社会科学院世界历史研究所尹建平副教授所著《瑞典传教士在中国（1847-1949）》[18]就瑞典传教士来华传教的背景、传教地区、活动的主要内容及其对中瑞文化交流的作用和影响作了初步探讨。但是，由于该文所涉内容广泛，并未对瑞华浸信会在华的传教活动进行深入地研究。瑞典汉学家杨富雷（Fredrik Fällman）博士早年曾关注瑞典行道会在湖北的宣教状况，[19]对瑞

13　故宫博物院明清档案部编：《义和团档案史料》，北京：中华书局，1959 年；中国社会科学院近代史研究所编：《山东义和团案卷》，济南：齐鲁书社，1980 年；中国第一历史档案馆编：《义和团档案史料续编》，北京：中华书局，1990 年；山东大学历史系中国近代史教研室编：《山东大学义和团调查资料选编》，济南：齐鲁书社，1980 年；路遥、佐佐木卫编：《中国的家、村村、神神——近代华北农村社会论》，东京：东方书店，1990 年；路遥主编：《山东大学义和团调查资料汇编》，济南：山东大学出版社，2000 年。

14　郭大松、田海林教授编：《山东宗教历史与现状调查资料选》，汉城：新兴出版社，2005 年。

15　郭大松编译：《中西文化交流的先驱与桥梁——近代山东早期来华基督新教传教士及其差会工作》，北京：人民日报出版社，2007 年。

16　青岛市博物馆等编：《德国侵占胶州湾史料选编》，济南：山东人民出版社，1986 年；青岛市档案馆：《帝国主义与胶海关》，北京：中国档案出版社，1986 年。

17　朱小俐：《基督教女传教士在山东活动论述（1860-1920）》，硕士学位论文，济南：山东师范大学，2001 年；刘春华：《基督教新教传教士与近代山东西医科学（1860-1937）》，硕士学位论文，济南：山东师范大学，2004 年；夏红：《山东基督新教传教方式之考察》，硕士学位论文，济南：山东大学，2007 年；于建波：《近代基督教在山东的传教史研究（1860-1937）》，硕士学位论文，济南：山东大学，2009 年；王锋：《清代山东东西部接受基督教之差异研究》，硕士学位论文济南：山东师范大学，2009 年；孙建中：《近代山东基督教教区研究》，硕士学位论文，上海：复旦大学，2009 年。

18　尹建平：《瑞典传教士在中国（1847-1949）》，《世界历史》，2000 年第 5 期。

19　Fredrik Johsson, etc, *60 år för Gud i Kina*, Stockholm: Center for Pacific Studies, 1997.

华浸信会亦并未过多涉及。

其次，有关浸会在华历史的著述中也涉及到瑞华浸信会的内容。女传教士吴立乐（Lila Watson）撰写的《浸会在华布道百年史》[20]，叙述了美国、英国、瑞典的浸信会来华宣教百年的成果；香港的徐松石牧师组织续编了华人浸信会传道史，并于1971年出版了《华人浸信会史录》[21]共五辑，第一辑《大陆地区浸信会的发展（1936-1950）》中涉及了瑞华浸信会在大陆地区的发展状况。另外，白向义（E. W. Burt）的《在华五十年，浸会在山东、山西和陕西的故事，1875-1925》[22]和陶普义（Britt Towery）的《蓬莱——平度浸会回忆：在中国山东的浸会先驱的故事》[23]对瑞华浸信会亦有涉及。

另外，瑞华浸信会传教士的后人和瑞华中学（瑞华浸信会所办的中学）毕业生也出版过有关瑞华浸信会的著述和文章。曾就读于瑞华中学的殷颖牧师的自传回忆录《悲欢交集的镂金岁月》[24]讲述了作者在瑞华中学读书的经历，并介绍了当时在校任教的瑞典传教士。该书也收入了传教士后人任雪竹（Alice Rinell Hermansson）关于瑞华中学历史的一篇文章。[25]胶州九鼎轩主人将传教士后人收藏的部分老照片结集出版为《海表名邦·百年回眸——胶州老照片》[26]。另外，任氏家族的后人所写的家族史[27]对瑞华浸信会特别是任氏家族在中国的宣教历史进行了详细的整理。

杨富雷（Fällman, Fredrik）：《瑞典行道会在湖北六十年记》，刘家峰译，马敏校，章开沅、马敏编：《社会转型与教会大学》，武汉：湖北教育出版社，1998年，第303-311页；杨富雷：《1847-1956年瑞典赴华传教士事略》，乐黛云、（法）李比雄编：《跨文化对话》（第21辑），南京：江苏人民出版社，2007年，第92-101页。

20 吴立乐（Lila Watson）：《浸会在华布道百年史》，上海：中华浸会书局，1936年。

21 徐松石：《华人浸信会史录》，香港：浸信会出版部，1971年。

22 Ernest Whitby Burt, *Fifty Years in China, the story of the Baptist Mission in Shantung, Shansi and Shensi, 1875-1925*, London: the Carey Press, 1933.

23 Britt Towery, *The Pehglai-Pengdu Baptist Memorials: Stories of Baptist Pioneers in Shandong China*, Hong Kong: A Long Dragon Book, 1989.

24 殷颖：《悲欢交集的镂金岁月》，台湾：道声出版社，2007年。

25 任雪竹：《胶州瑞华中学的故事》，邱芷译，殷颖：《悲欢交集的镂金岁月》，台湾：道声出版社，2007年。

26 胶州九鼎轩主人：《海表名邦·百年回眸——胶州老照片》，北京：国际华文出版社，2009年。

27 Lennart John Holmquist, *Foreign Devils-A Swedish Family in China: 1894 to 1951*, 2012-12-13, http://www.switzerland-traveler.com/Family-Archives/Rinell-Book/006-Table-of-Contents.htm

二、研究范式的检视

过去，基督教在华传教史的研究出现了诸多的研究范式和方法。从"文化侵略"到"中西文化交流"，再到"现代化范式"的转变；从"传教学"的研究到"西方中心论"，再到"中国中心观"的出现，研究范式在不断地完善和转变。

近年来，受美国历史学家柯文（Paul A. Cohen）"中国中心观"和社会学家克利福德·吉尔兹（Clifford Geertz）"地方观点"的影响，西方学界研究中国基督教历史开始出现一种新的趋向，希望以"地方观点"为视角建立一个以中国基督教群体为中心的历史观。把传教士建立的教会村落放置在特定的历史时空中进行考察，探讨基督教群体的兴起和发展，并了解基督教与中国社会互动时出现的冲突和调适，这种新的研究趋向对于改变当前国内学界纯粹补白性质的教派史研究具有一定启示意义，而学者在此领域也进行了诸多有益的探索。

加拿大阿尔伯塔大学唐日安教授（Ryan Dunch）的博士论文《福州新教徒与现代中国的形成（1857-1927）》[28]是这一研究范式的有力代表。此书的研究重点从差会和传教士转向基督徒群体，分析了福州新教徒在参与国家事务中的群体作用，并讨论了传教士在中国新教徒的日常生活和宗教实践中的边缘化地位。在关注基督徒本身的同时，学者也开始了"眼光向下"的革命，将研究对象转向农村基督徒。其中史维东教授和李榭熙教授的研究颇具代表性。美国密歇根大学史维东教授的博士论文《冲突与适应：1860-1900 年江西的乡村基督教》[29]分析了江西教会村落形成的背景和过程，并指出社会环境和信徒的努力是当地基督教发展的主要动力，传教士的作用只是辅助和边缘性的。同样，佩斯大学李榭熙教授出版的博士论文《圣经与枪炮——基督教与潮州社会（1860-1900）》[30]将农村信徒皈依与宗族网络和农村的集体械斗相联

28　Ryan Dunch, *Fozhou Protestants and the Making of a Modern China, 1857-1927,* New Haven and London: Yale University Press, 2001.

29　Alan Richard Sweeten, *Christianity in Rural China: Conflict and Accommodation in Jiangxi Province, 1860-1900,* Ann Arbor, Michigan: Center for Chinese Studies, The University of Michigan, 2001.

30　Joseph Tse-Hei Lee, *The Bible and the Gun: Christianity in South China,* New York: Routledge, 2003.（现已出版中译本：（美）李榭熙：《圣经与枪炮：基督教与潮州社会（1860-1900）》，雷春芳译，（美）周翠珊校，北京：社会科学文献出版社，2010 年。）

系，并指出当时潮州民众集体皈依基督教大多出于世俗目的。传教士只是当地民众在权力争斗中借助的辅力而已。

无论是唐日安研究的福州，还是史维东关注的江西，亦或是李榭熙论述的潮州，都属于宗族氛围浓厚的南方地区。特定的人文环境和宗族网络促成了南方社会与基督教特有的互动模式。那么，在北方，基督教的传入又会与当地社会发生怎样的融合和碰撞？除了综述中学者对山东区域基督教的研究之外，美国加州大学李仁杰教授（Charles Litzinger）对清末直隶教案的研究具有一定的代表性。李仁杰教授的博士论文《华北地区的寺庙和乡村文化整合：1860-1895 直隶教案研究》[31]从宗教和文化冲突的角度出发考察了清末的直隶教案，并指出当地大量民教冲突都涉及天主教教民和民间寺庙之间的纠纷，当天主教教民拒绝参与地方上的集体宗教祭祀活动时，他们便受到当地民众的排斥和攻击。

北方和南方地域差异促成了在华基督教发展的两种不同面相，而中国边疆和少数民族地区的特殊性使得基督教的地域性更加明显。美国学者鲁晞珍和丈夫的合著《客家人遇到基督徒：八位客家信徒的自传和评论，1850-1900》[32]探讨了瑞士巴色差会在广东客家地区的传教工作。作者以八位客家传道人的经历作为主线，论述了传道人在处理与传教士和信徒关系以及弥合基督教文化和客家文化差异时的努力，同时向我们展示了当时客家地区的政治社会和特有的文化现象。

在上述诸多有关区域社会与基督教关系的研究中，学者都从区域社会的内部特征出发，认为该地域特有的内在因素和社会结构决定了当地社会与基督教相遇后的存在形式，而且将中国的基督徒群体作为主体，将传教士的活动边缘化，这便在一定程度上忽视了对传教士群体的研究。另一方面，为了突出本地独有的社会结构特征对基督教传播的影响，学者往往选择特殊的事例进行研究，如集体入教、暴力事件、民教冲突等，这便在一定程度上忽略了基督徒生活的常态。而且，如此的分析手法，的确将虔诚入教的信徒置于

---

31 Charles A. Litzinger, *Temple Community and Village Cultural Integration in North China: Evidence from 'Sectarian Cases' in Chihli, 1860-1895,* Ph.D. dissertation, Davis: University of California, Davis, 1983.

32 Jessie G. Lutz, Rolland Ray Lutz, *Hakka Chinese Confront Protestant Christianity, 1850-1900, with the Autobiographies of Eight Hakka Christians and Commentary,* New York: M. E. Sharpe, 1998.

研究对象之外，从而使得学者对某一地域基督教发展状况的分析过多地侧重于政治争斗和社会权力，从而忽视了属灵基督教的研究。

现在看来，这种"眼光向下"的地方性革命并未真正突破差传话语模式。诚然，这种以特定地域的教徒为中心的研究路径不仅可以呈现出基督教与中国乡村社会互动的多样性和多元化，也可以揭示出教会所谓的本土特性，但是这一研究模式却忽略了一个极重要的历史事实，那就是与乡村社会的互动并非教会活动的全部，教会在当地的存在和发展，必然会与当地社会的各个阶层发生联系，不仅包括乡村民众，也包括当地政府官员、社会组织、地方精英甚至是其他差会的传教士。所以，本研究所运用的理论范式，希望不仅能有效地解释教会与广义上的地方社会如何在不同层面实行互动，更重要的是真正从本土社会视野和本土经验去解读教会的活动，既摆脱传统的差传话语模式，也避免当下刻意进行的所谓草根教会研究所带来的片面性，真正做到从"地方观点"的角度来彰显教会的本土性。

三、研究思路

首先，以往对差会与地方社会互动的研究，总是把差会和传教士团体作为外来者，他们是完全不同于当地社会的一个群体。但是，笔者认为传教士在进入中国的第一天起就已经开始本土化了，而且他们也在这一刻成为本土社会的一个影响因素。他们努力适应着当地的社会环境，而当地民众也在渐渐地习惯他们的存在，正如莫言小说中的马洛亚，本文便致力于讨论这样一个过程。

其次，过往的研究往往集中于对势力和影响力较大的差会的研究，对小规模差会的研究却很少涉及。但是，这样的差会因缺乏政治背景和社会关系网络，其存在模式和传教策略都有其特殊性。而且，过往的研究大多集中于西欧和北美差会，对于北欧差会的研究相对较少。对瑞华浸信会的个案研究，希冀可以弥补这一方面的不足。

再次，1891-1951 年期间，近代山东社会经历了多次政权流变，瑞华浸信会于政权更替之后都要经历政府社会政策和宗教政策的变更。山东社会纷繁复杂的政治局势，为研究差会在政教关系发生转变时如何因应提供了可能。

第四，瑞典作为第二次世界大战的中立国，其差会在战争期间幸免于日本的殖民管理且继续其宣教工作。从对第二次世界大战期间瑞华浸信会的研究，可以了解日本对中立国的政策和差会在战争下的生存状态。

四、研究方法

本研究的资料主要依据四个方面，其一是瑞华浸信会的资料；其二是中国和日本的官方档案文献；其三是当地的民间资料；再者是笔者从瑞华浸信会传教区域收集到的田野资料以及对信徒所做的口述访谈。

第一，瑞华浸信会资料。首先，瑞华浸信会的内部档案资料。其收藏于山东各地档案馆和瑞典斯德哥尔摩的浸信会档案馆。笔者在山东诸城市档案馆发现了一批瑞华浸信会的珍贵档案，包括各分会的活动记录和财务状况等。当然，除在中国所见的档案外，斯德哥尔摩的浸信会档案馆也收藏有瑞华浸信会的档案。但因 2012 年瑞典浸信会联会（The Baptist Union of Sweden）与卫理公会（The Methodist Church）和瑞典行道会（The Mission Covenant Church）合并为"未来联合教会"（The Joint Future Church），其档案亦处于重新整理阶段，所以笔者现阶段并未看到该部分档案，这也成为本论文写作的一大缺憾。其次，瑞华浸信会的公开出版物，包括该会的周年纪念册及传教士的著述和回忆录等，是了解差会活动和传教士在华生活和思想状况的重要史料。再次，传教士及其家族所藏的私人文献也是本研究的重要史料来源。瑞华浸信会传教士的后人从八十年代开始即陆续回到中国大陆寻根。笔者有幸与他们结识并与其建立了长期而密切的联系。他们为笔者提供了大量珍贵的史料，包括家族历史、私人信件和照片等。需要特别指出的是，瑞华浸信会传教士任为霖（Oscar Rineu）是一位摄影爱好者，他拍摄了大量当时社会生活的照片，不仅为我们展示了传教士的生活，还让我们对当时山东的地方社会有了更为直观的认识。他还自己制作了一部无声的真人电影，除了拍摄当时民众的日常生活之外，还记录了当时的婚丧嫁娶场景，再现了当时民众真实的生活状态，这便为笔者以照片解读和阐释历史提供了依据。

第二，中国和日本的官方档案文献。笔者在查阅近代山东教会资料的过程中发现了一批瑞华浸信会在山东传教的档案资料，其中以该会所办的瑞华中学资料最为集中，约计 26 个案卷，1000 余份文件，这些文件多是山东地方政府对该校的指令训示及该校的回应，且涉及各个时期的不同地方政权和学校的不同负责人。这些资料为笔者从微观上深入探讨地方政治对教会学校的具体影响以及教会学校在平衡地方政治与差会政策中所采取的应对方略提供了可能。其次，日本的官方档案也是研究该差会历史的重要史料。日本侵华之前和期间，曾对外国在华势力进行过严密的调查，其中也包括对瑞华浸信会的调查报告。

第三，当地的文人墨客留下了一些记录瑞华浸信会各方面内容的作品，这是笔者分析当时士绅阶层对传教士态度的重要史料。其次，信徒回忆文章的真实性和可靠性虽然有待笔者的验证，但也不失为论文写作的重要依据。再次，涉及该差会和传教士的文学作品也是笔者意欲利用的资料，而在文章开头引入的莫言小说《丰乳肥臀》便是很好的实例。

第四，田野资料和口述访谈。其一，口述史料与档案文献的互补或互证。文献经常带有一些机构的非个人气味，而口述材料却包括了历史主体的主观性说明，即信徒个人对事件的表述所体现的是特定场景下的时空，以及其亲身经历和肺腑心声。其二，随着时间的流逝，彼时历史的亲历者也渐行渐少，而历史记忆也趋于模糊，抢救性的信徒访谈对历史的客观性还原大有裨益。笔者对瑞华浸信会的传教区域进行了一个月的初步田野调查，对现在的胶州、诸城和高密教会以及各地的统战部进行了访谈和实地的调查。其次，在教会人员的帮助下，笔者寻找到了建国前瑞华浸信会的部分老信徒，并对他们进行了访谈。

五、章节内容

第一章，缘起背景。其一，北欧宣教团体包括瑞典来华宣教的背景；其二，胶州一带的地域特性，包括地理环境、人文环境、社会网络和宗教状态等方面。其三，从宣教理念和组织结构、布道、教育、慈善和医疗等方面论述瑞华浸信会发展的基本状况。

第二章，从瑞华浸信会内部事务出发，描述传教士、传道人和信徒各自的宗教生活模式和理念，并分析在彼此交往过程中发生的调适和冲突。

第三章，从政教关系的角度阐述瑞华浸信会与当地政权的互动。借助档案史料，笔者希望通过瑞华中学与南京国民政府互动的个案对这一课题进行探讨。笔者认为，面对南京国民政府对其生存和发展的冲击，瑞华浸信会始终在坚守立场的情形下积极因应，将政治的消极影响降到最低，在宗教与政治之间努力寻找着平衡和支撑点。

第四章，战争中的他者。瑞华浸信会传教士在中国经历了诸多的战争，但是在每次战争中所处的境遇和身份地位都不尽相同。传教士在"自我"与"他者"的身份之间不断流离。

　　最后是本文的结论部分。地方社会并非是一个在等待基督教与之相遇的固定客体（既往很多基督教与地方社会的研究正是采取这一思路），而是一个在多重因素影响下不断建构的过程，基督教在此既是外来的，又是本土的，所有外来性元素都参与了本土社会的建构，而中西两种元素塑造的基督教社区具有不同于传统地方社会的鲜明的复合文化特征。

第一章　缘起与发展

　　1890 年 5 月 7 日，第二次全国传教士大会在上海博物院路（今虎丘路）兰心大戏院举行了开幕式。作为大会开幕式的布道嘉宾，内地会（China Inland Mission）[1]创始人戴德生（James Hudson Taylor）[2]提出了向中国增派 1000 名传教士的建议。[3]在本次大会之前，戴德生游历了北美、西欧和北欧等地，并获得了当地社会的广泛支持。会后，戴德生积极推动此事。1891 年 1 月-4 月之间，来自欧洲、美国、加拿大和澳洲的七队人响应戴德生的号召到达中国。[4]瑞典浸信会（Swedish Baptist Mission）第一位来华传教士文道慎（Rev. Carl Vingren）便是其中一员。

1　内地会（China Inland Mission）：1865 年 6 月 25 日，戴德生在伦敦以中国内地会的名义将十英镑的小额款项存入银行，标志着中国内地会的成立。内地会不属于任何一个宗派，注重在中国内地省份传教，认为传福音是宣教最重要的使命，文字、教育和医疗等方式是次要的。19 世纪末，内地会发展成为中国规模最大的宣教组织。

2　戴德生（James Hudson Taylor，1832 年 5 月 21-1905 年 6 月 3 日）：英国来华宣教士，中国内地会创始人。从 1854 年来华到 1905 年逝世，戴德生为中国传教事业奉献了 51 年。他的名言："我若有千磅英金，中国可以全数支取；我若有千条性命，绝对不留下一条不给中国。"这成为他在华宣教事业的真实写照。

3　*Records of the General Conference of the Protestant Missionaries of China Held at Shanghai, May 7- 20, 1890,* Shanghai: American Presbyterian Mission Press, 1890, pp. 9-10.

4　史蒂亚：《挚爱中华——戴德生》，梁元生译，北京：中国友谊出版社，2006 年，第 42 章。

一、来华宣教背景

1517 年 10 月 31 日，马丁·路德（Martin Luther）[5]提出九十五条论纲标志着欧洲宗教改革的开始。随后，欧洲各国迅速卷入这场浩大而艰难的运动之中。到 1648 年宗教改革运动结束，欧洲形成了路德宗（Lutheranism）[6]、归正宗（Reformed Churches）[7]和圣公宗（Anglicanism）[8]三大宗派鼎力的局面，其中路德宗主要分于德国大部以及丹麦、挪威、芬兰和瑞典等北欧国家。1593 年，瑞典路德会教士在乌普萨拉（Uppsala）[9]集会宣布路德宗为瑞典国教，并在卡尔公爵（Duke Karl）[10]的支持下打败了坚决拥护天主教的瑞典国王西吉斯蒙德（Sigismund）[11]，而卡尔成为新一位瑞典国王卡尔九世。1617 年，皈

---

5 马丁·路德（Martin Luther，1483 年 11 月 10 日-1546 年 2 月 18 日），宗教改革的发起人。他本来是天主教奥斯定会的会士、神学家和神学教授。他的改革终止了中世纪天主教教会在欧洲的独一地位。他翻译的路德圣经迄今为止仍是最重要的德语圣经翻译文本。

6 路德宗（Lutheranism）：信义宗源自德国神学家马丁·路德于公元 16 世纪发起的宗教改革运动。马丁·路德的思想成为宗教改革分离运动的象征，其势力曾与罗马教宗及当时的政治势力发生联盟和军事冲突。1577 年，《协和信条》为信义宗的教派理论奠下根基。1947 年，世界信义宗联会（Lutheran World Federation）于瑞士成立。

7 归正宗（Reformed churches）：也称改革宗或加尔文宗，基督教宗派之一，包含长老会（Presbyterian）与公理会（Congregational），源于宗教改革家约翰·加尔文。

8 圣公宗（Anglicanism）：又称安立甘宗，源自英格兰教会和爱尔兰教会及其于世界各地衍伸出来的教会之总称。经过圣公会与罗马天主教的分裂，圣公宗在神学，崇拜礼仪等方面有重大的改变。

9 乌普萨拉（Uppsala）：瑞典中部的一座城市，位于首都斯德哥尔摩北面，相距约 70 公里。乌普萨拉是乌普萨拉省的首府，同时也是瑞典的宗教中心，北欧最早的天主教堂乌普萨拉大教堂（Domkyrkan）便坐落在这个城市。1164 年，乌普萨拉成为瑞典大主教的辖地。

10 卡尔九世（Karl IX，1550 年 10 月 4 日-1611 年 10 月 30 日），瑞典瓦萨王朝国王，1604 年-1611 年在位。卡尔九世在位时间很短，一直处于和俄罗斯、丹麦的战争之中，他在瑞典历史上的主要功绩是维持瑞典的基督教新教地位，他的侄子西吉斯蒙德继承王位后曾力图将他父亲约翰三世建立的新教国家恢复到以罗马天主教为国教的状态，卡尔九世即位后又恢复新教的地位。为他儿子古斯塔夫二世以后的宏伟事业开辟了好的环境。

11 西吉斯蒙德（Sigismund，1566 年 6 月 20 日-1632 年 4 月 30 日），或称齐格蒙特三世·瓦萨（波兰语：Zygmunt III Waza）。1566 年 6 月 20 日，在瑞典格里斯普霍尔姆的监狱中出生。1592 年 11 月 17 日，当父亲约翰三世死后，齐格蒙特三世己成为波兰国王，并且获得瑞典议会支持，继承瑞典国王的王位。1594 年 2 月在乌普萨拉大教堂继位。王位的继承引起了宗教战争。1598 年 9 月 25 日，位于林雪平发生的"Stångebro"之役中，他被卡尔九世打败，这也是他最后一次和瑞典人在瑞典土地上的战斗，2000 人在战争中阵亡。1599 年 7 月 24 日，齐格蒙特三

依天主教被宣布为非法，从而确立了路德宗在瑞典一教独尊的局面。但是，随着权力的强化，路德教也变得越加僵化，被诸多反对者称之为"处于木乃伊化的状态"。[12]19 世纪，瑞典兴起了宗教自由运动。浸礼会、公理会、信义会、五旬节会等纷纷出现。60 年代，瑞典政府也解除了对天主教会的禁令。尽管路德教会仍然具有绝对的统治优势，但瑞典宗教终于进入各宗派共同存在的自由发展时期。瑞典浸信会也在此时得以成立和发展。1847 年，瑞典人福尔克·尼尔森（Fredrik Olaus Nilsson）在德国汉堡市接受浸礼成为瑞典的第一位浸信会信徒。1848 年 9 月 21 日，五位瑞典人接受浸礼受洗标志着瑞典第一个当地浸信会的成立。到 1860 年时已有超过 120 个当地浸信会成立。[13]不过，当时各地成立的浸会组织各自工作，直到 1889 年瑞典浸信会成立才打破了这种分散局面。[14]其实，在瑞典浸信会成立之前，分散在各地的浸会组织在 19 世纪海外宣教运动[15]的影响下已在缅甸和西班牙开展宣教事业。[16]不过，瑞典浸信会成立之后却选择了中国作为第一个海外宣教工场。

　　为什么是中国？其一，瑞典差会在中国传教的前期准备。第一位来华宣道的瑞典传教士是隶属于德国巴色会[17]的韩山明（Theodore Hamberg）[18]，他

世被瑞典议会废黜，卡尔九世成为摄政。1600 年 3 月 19 日，许多原支持齐格蒙特三世的贵族被卡尔九世下令斩首，称为"林雪平血案"（Linköping Bloodbath）。1632 年 4 月 19 日在波兰华沙的皇室城堡中去逝。

12　（英）尼尔·肯特：《瑞典史》，吴英译，北京：中国大百科全书出版社，2010 年，第 133 页。

13　"History and Development", 2012-12-12, http://www.baptist.se/inenglish/history.4.2f692b3510db fce3396800017105.html

14　H. J. Danielson & K. A. Modén Etc, *Femtio år i Kina*, Stockholm B.-M: s Bokförlags A.-B., 1941, p.9.

15　19 世纪海外宣教运动：虽然西方社会经济和军事实力的发展以及基督教普世主义的推动，以英美等国为首发起了向其他地区传播基督教的海外宣教运动。由于宣教工作肇始于对外扩张的时期，故差会和宣教士不可避免地分享了扩张主义的时代心态。他们在不同程度上将福音使命与文化征服混同起来，不过该运动却将基督教发展成为普世性的宗教并促进了各教派的合一。

16　H. J. Danielson & K. A. Modén Etc, *Femtio år i Kina*, Stockholm B.-M: s Bokförlags A.-B., 1941, p.8.

17　巴色会（Basel Evangelical Missionary Society）：基督教新教差会，1815 年成立于瑞士北部德语区的巴塞尔市（Basel，现其总部会址），1847 年派黎力基（Rudolph Lechler）和韩山明（Theodore Hamberg）两牧师来华，主要在广东客属（客家话）地区发展教务，对客家语言和客家文化有比较多的研究。

18　韩山明（Theodore Hamberg, 1819 年 3 月 25 日-1854 年 5 月 13 日）：又译韩山文，是一位活跃于中国的瑞典传教士。1846 年，韩山明被巴色会派往中国传教，最初，

于 1847 年到达香港和广东一代传教，7 年后在香港逝世。1849 年，瑞典曾有两名传教士法斯特（Carl. J. Fast）和伊来哥维斯特（Anders Elgqvist）到中国传教，但是因为遭到当地群众的反对，前者在 1950 年被杀害，后者逃回瑞典，而瑞典来华传教活动也由此中断。[19]37 年后，瑞典传教士弗尔克（Luud Erik Folke）于 1887 年来到中国再次开启了瑞典差会在华传教的序幕。同年底，弗尔克回国建立了"艾立克·弗尔克中国传教委员会"，翌年改为"瑞典中国布道会"（Swedish Mission in China），简称"瑞华会"。[20]该会在瑞典积极鼓舞有志之士到中国开展宣教事业。其二，戴德生在瑞典对中国宣教事业的宣传和推动。1889 年 11 月和 12 月，戴德生与儿子戴存义（Frederick Howard Taylor）[21]访问了瑞典和丹麦两地，受到了瑞典女王和社会各界的热烈欢迎。[22]在此期间，瑞典的多个教会受到感召并开始筹划到中国的宣教事宜。

1900 年，瑞典中国布道会向中国派遣了第一批瑞典传教士。其实，戴德生访问瑞典本就盼望中国内地会能够与瑞典中国布道会建立更为密切的关系。[23]该会传教士达到中国之后，在内地会的协助下成立了瑞典行道会（Mission Covenant Church of Sweden）[24]，主要在湖北一带传教。1890 年，

韩山明协助著名德国传教士郭士立传教，但是逐渐地，韩山明对郭士立大群皈依的策略产生了怀疑，采取较为谨慎的做法，因而与郭士立和巴色会之间产生了冲突。郭士立去世后，韩山明继续为巴色会工作。韩山明对早期太平天国的重要记载和在广东省建立基督教差会而著称。他还创立了西方研究客家方言的基础。1854 年，韩山明在香港去世。

19 Johsson Fredrik, et, *60 år för Gud i Kina,* Stockholm: Center for Pacific Studies, 1997, p. 9.

20 （瑞典）杨富雷（Fredrik Fällman）：《瑞典行道会在湖北六十年记》，刘家峰译，马敏校，章开沅、马敏编：《社会转型与教会大学》，武汉：湖北教育出版社，1998 年版，第 303 页；尹建平：《瑞典传教士在中国（1847-1949）》，《世界历史》，2000 年第 5 期。

21 戴存义（Frederick Howard Taylor，1862 年 11 月 25 日－1946 年 8 月 15 日）：内地会创始人戴德生的次子。1888 年，戴存义毕业于皇家伦敦医院的医学院，获得伦敦大学医学博士。1890 年 1 月 23 日，戴存义离开英国前往中国，被派往河南赊旗店传教。

22 史蒂亚：《挚爱中华——戴德生》，梁元生译，北京：中国友谊出版社，2006 年，第 42 章。

23 史蒂亚：《挚爱中华——戴德生》，梁元生译，北京：中国友谊出版社，2006 年，第 42 章。

24 瑞典行道会（Mission Covenant Church of Sweden）：1878 年成立的瑞典基督教教派。瑞典行道会产生于 19 世纪瑞典教会复兴运动，从瑞典信义会分离而来。1890

弗尔克受邀参加了第二次全国传教士大会，成为该大会唯一一位瑞典差会代表。[25]继瑞典行道会之后，瑞典浸信会、瑞蒙会（Swedish Mongol Mission）[26]、五旬节会（Pentecostal Mission）[27]、圣洁会、[28]信义会（Church of Sweden Mission）[29]等纷纷来到中国传教，由此开始了瑞典在华传教的全面发展时期。[30]

　　瑞典浸信会派往中国的第一位宣教士文道慎，是瑞典斯德哥尔摩伯特利浸会神学院的神学生，出生于 1865 年，1887-1890 年在该神学院学习。1889 年戴德生受邀到伯特利浸会神学院宣讲中国布道工作时，早已立志投身海外布道事业的文道慎受到感召并向浸信会海外布道会提出了到中国布道的申请，那一年他 25 岁。1890 年 9 月 23 日，瑞典浸信会在斯德哥尔摩第一浸会堂为文道慎举行了隆重的按立牧师仪式同时宣布其成为该会派往国外的第一位宣教士。文道慎在按立仪式上表达了自己的决心，"谢谢你们，再见了！如果我们将来不能在人间相见，那么我们定会在天堂相见。"[31]之后，文道慎

年到 1951 年瑞典行道会的传教士在中国湖北省传福音、建医院、中小学和师范学校，在荆州还建立一所神学院——荆州行道学校。1892 年，瑞典行道会传教士来到新疆喀什噶尔（今喀什地区）传教。1894 年在新疆疏附县（今属喀什市）建立第一个传教所。1938 年，新疆省盛世才政府下令驱逐瑞典行道会，最后一批瑞典传教士从新疆南部撤离。

25 *Records of the General Conference of the Protestant Missionaries of China Held at Shanghai, May 7- 20, 1890,* Shanghai: American Presbyterian Mission Press, 1890, p. XIX.

26 瑞蒙会（Swedish Mongol Mission）：1892 年到达中国传教，该会是一个无派系组织，传教区域在张家口、五原等蒙古人聚居区传教。因牧民随畜群迁移住所，因而传教士多采取巡回传教的方式传教。

27 五旬节会（Pentecostal Mission）：1908 年到达中国传教，该会最大的宣教区域分布于京汉铁路沿线地区，同时在山东、上海、内蒙古东部和西部、河北、西藏、成都和云南地区传教。

28 瑞华圣洁会：1890 年到达中国传教，开始协助内地会工作。1895 年，在山西省北部开拓了自己的宣教区。新中国成立之后，瑞华圣洁会开始在台湾地区传教。

29 瑞典信义会（Church of Sweden Mission）：1920 年到达中国传教，该会总部设在长沙，另设有环洞庭宣教区。抗日战争爆发后，该会传教士返回瑞典。

30 （瑞典）杨富雷（Fredrik Fällman）：《瑞典行道会在湖北六十年记》，刘家峰译，马敏校，章开沅、马敏编：《社会转型与教会大学》，武汉：湖北教育出版社，1998 年，第 303 页；尹建平：《瑞典传教士在中国（1847-1949）》，《世界历史》，2000 年第 5 期。

31 Danielson H. J. & Modén K. A. Etc, *Femtio år i Kina, Stockholm B.-M: s Bokförlags*

被派往伦敦学习英文，并于 1891 年 3 月 21 日取道伦敦到达上海，由此开启了瑞典浸信会在华宣教的序幕。[32]

二、宣教区域：齐鲁文化圈

1891 年，文道慎踏上的是一片怎样的国土？该时空下的宣教事业又处于何种境地？1891 年是光绪十七年，20 岁的光绪虽有皇帝之位，却始终受制于真正的权力操控者慈禧。不过，此时的清朝正处于第二次鸦片战争之后的暂时和平时期，并在洋务派的积极推动下萌生了诸多的近代元素。至于当时的宣教状况，从 1807 年近代第一位新教传教士马礼逊到达中国到 1891 的 84 年间，宣教的各项事业取得了长足的发展，并且第二次全国传教士大会刚刚于一年前举行，出席代表 445 人，来自 37 个不同宗派与差会，代表在华 1292 名传教士，当时全国信徒有 3.7 万人。[33]可以说，当时在华宣教事业已进入相对成熟的发展阶段。对于文道慎而言，他的人身安全和宣教权利受到清政府的保护，已有专门的语言学校学习中文，也有诸多可供学习的宣教经验等等，而这些正是先辈传教士们数十年间努力的结果。不过，作为瑞典浸信会第一位来华传教士，文道慎仍然需要一个合适的宣教地点以开展其宣教事业。所以，1892 年在安庆内地会创办的语言学校毕业之后，文道慎便开始在华中和华东各省游历，并最终在美南浸信会的帮助下选择了胶州作为瑞典浸信会的宣教地点，并定名为瑞华浸信会。随着该会宣教事业的发展，宣教区域由胶州扩展到诸城和高密，并形成了三大传教站鼎力发展的局面。在讨论其宣教事业之前，笔者先尝试分析一下该区域的自然和人文特征。

A.-B., 1941, p. 11.

32 Danielson H. J. & Modén K. A. Etc, *Femtio år i Kina, Stockholm B.-M: s Bokförlags A.-B.*, 1941, pp. 10-12.

33 *Records of the General Conference of the Protestant Missionaries of China Held at Shanghai, May 7- 20, 1890,* Shanghai: American Presbyterian Mission Press, 1890.

图 1-1：瑞华浸信会宣教区域图

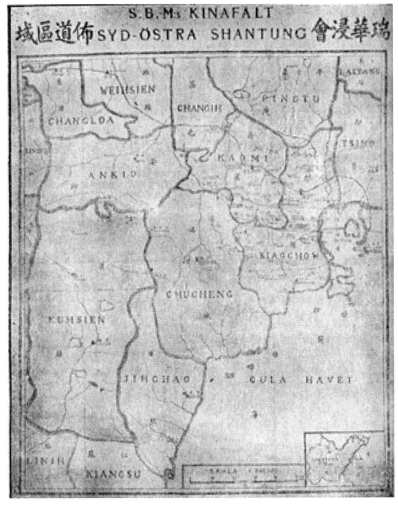

资料来源：任其斐、令约翰、侯述先：《山东瑞华浸信会 50 周年纪念集》，青岛瑞华浸信会出版社，1941 年，第 1 页。

众所周知，有"齐鲁之邦"之称的山东是"齐鲁文化"的主要载体。齐文化和鲁文化萌芽于西周时期的齐国和鲁国，并在春秋时期形成了特点鲜明的两种文化[34]，尽管两者在之后的发展过程中交汇融合并最终形成了"齐鲁

---

34 有周一代齐鲁两国文化的二元差异：一曰族源不同：齐起炎帝，鲁起黄帝。二曰地理环境不同：齐地滨海，多鱼盐之利；鲁处内陆，宜桑麻五谷。三曰治国理念不同：齐尚霸道，鲁尚王道。四曰经济类型不同：齐重工商贸易，各业并举；鲁重农业，比较单一。五曰哲学思想不同：齐重道学而尚多元，因俗简礼而有黄老之学、阴阳五行家的产生；鲁尊周礼，尊尊亲亲，终成儒家学派的摇篮。六曰学

文化"，但是在山东的特定区域中却仍然延续着齐文化或者鲁文化的特质，而处于齐鲁文化交界之地的胶州—高密—诸城一带便极好地呈现了两种文化在相邻地域间各自的传承。

对胶州三里河大汶口文化遗址和胶州赵家庄龙山文化遗址的发掘证实胶州在新石器时代已具有较高水平的海洋和农业文明。[35]春秋时期，胶州属介国地，战国时期归入齐国，[36]继而接受齐文化，并最终形成了海洋文化和齐文化相交融的状态。在齐文化重视工商业发展和海洋贸易的基础上，胶州凭借其地理位置的优越性（处于胶东半岛最大的河流大沽河[37]的入海处，更频临胶州湾，居于海运和漕运之要冲。[38]）在商品经济发展和海外贸易扩大的推动下，于北宋时期成为我国与南洋贸易的少数几个海港之一。宋政府乃置密州（胶州旧称）市舶司，与广州、泉州、杭州和明州（今宁波）共司南洋之互市。元明时期，胶州港仍旧繁华，声播海内外。[39]故明人谈迁在《国榷》中说："胶州号称海表名邦"。但从明代开始，随着大运河的畅通和海禁政策的实施，胶州的海运贸易优势开始削减，尽管失去了宋元时期的繁盛，但胶州仍为山东的经济门户之一。清初著名文人张谦宜在《胶邑商贾记》一文中说："胶州号称'金胶州'，以其商贾麇聚，日进斗金也。"而于1831年第一位踏上

术风气不同：齐学重兼容，百家并存，通权达变，趋时求合；鲁学尚一统，笃信师说，严守古义，尊崇传统。七曰思想观念不同：齐人尚功利，重才智；鲁人重礼义，尚道德。八曰社会风俗不同：齐俗尚奢侈，豁达放任；鲁俗重简约，淳朴拘谨。九曰宗教信仰不同：齐重自然崇拜，信海神而多方士；鲁重祖先崇拜，疑鬼神而重农事。十曰故都文化不同：齐都不断扩建，尽显霸业，为工商之城；鲁都依礼规划，变更较少，为礼乐之都。引自王志民：《齐鲁文化与山东区域文化》，王志民主编：《山东文化通览》（总览卷-代总序），济南：山东人民出版社，2012年，第3页。

35 中国社会科学院考古研究所：《胶州三里河》，北京：文物出版社，1988年；燕生东、靳桂云、兰玉富：《山东胶州赵家庄龙山时期稻田遗存的发现及意义》，《中国文物报》，2007年11月16日，第007版；王志民主编：《山东文化通览》（青岛卷），济南：山东人民出版社，2012年，第21-26页。

36 青岛市博物馆、中国第一历史档案馆、青岛市社会科学研究所：《德国侵占胶州湾史料选编1897-1898》，济南：山东人民出版社，1987年。

37 大沽河：是胶东半岛最大的河流，发源于招远市阜山，流经莱西市、平度市、即墨市、胶州市、青岛市城阳区，于胶州市营房镇码头村注入胶州湾。

38 赵文运、匡超等纂修：《增修胶州志》（卷五）《疆域志》，民国二十年铅印本，胶县大同印刷社，第1-21页。

39 王守中、郭大松：《近代山东城市变迁史》，济南：山东教育出版社，2001年，第133页。

山东土地的新教传教士郭实腊（Karl Friedrich August Gützlaff）[40]便在胶州登陆，可见当时胶州仍然拥有一定的海运能力。可以说，清末的胶州虽不及登州和烟台等通商口岸繁盛，但海洋经济依旧发达，并且成为下设两县的州府所在地。

　　至于民俗方面，胶州民众延续了齐文化的诸多特性，如经济上重工商贸易，尚功利，尚奢侈；文化上重才智，重道学而尚兼容多元；信仰方面，豁达放任重自然崇拜，信海神而多方士。1921 年出版的《山东各县乡村调查录》曾对胶州民情进行了如下概括，"善良：市民颇具雅致，乡民古称勤俭。恶劣：南部山区海滋，距城穷远，刁健之风不免，崔苻之患时闻。近复受青岛繁华潮流，人习游惰，兼涉浮伪。特性：柔懦而耐苦。"[41]

　　与胶州不同，诸城在春秋时期就属鲁国，并在随后的发展中延续和传承了鲁文化的特性。经济上，诸城位于山东的东南海滨，雨量充沛，极有利于农作物的生长，从而形成了诸城以农业为主体的经济发展格局。[42]文化上，重视儒学，笃信师说，严守古义，尊崇传统，重礼义，尚道德。诸城拥有浓厚的儒学传统和氛围，并出现了一大批儒家学者和世族，如孔子的学生公冶长，《清明上河图》的作者张择端，北宋金石学家赵明诚，清代东阁大学士、书法家、宰相刘墉，《续金瓶梅》作者丁耀亢，《四库全书》总编窦光鼐等。台湾山东文献杂志社 2002 年出版的《民国山东通志》卷十七《家族志·豪门大族》介绍了山东 22 个典型的世家大族，其中诸城 5 家：臧、王、刘、李、丁。[43]由此可以推知诸城世家大族的数量之多和权势之广。在诸城传教数十年之久的令约翰（J. E. Lindberg）曾在 1910 年写到，"这里（诸城）的学校和教育自古既很繁盛。城中现已建有按新政体规定不同级别的学校 5 所，较重要的

40　郭实腊（Karl Friedrich August Gützlaff, 1803 年 7 月 8 日－1851 年 8 月 9 日），
　　或郭实猎、郭士立，是普鲁士来华新教传教士。1831 年达到中国传教。1840 年
　　鸦片战争中，他担任英军司令官的翻译和向导，以及英军占领下的定海知县、镇
　　江知府。其后，他参与及起草《南京条约》。他还创立中国传教会，在伦敦招募来
　　华传教士。1851 年 8 月 9 日郭士立在香港去世。

41　林修竹编、陈名予校：《山东各县乡土调查录》（第四册），山东省长公署教育科印
　　行，1921 年，第 89 页。

42　宫懋让修、李文藻等纂：《诸城县志》，卷五《疆域考》，清乾隆二十九年刻本，第
　　1-5 页。

43　王志民主编：《山东文化通览》（潍坊卷），济南：山东人民出版社，2012 年，第
　　444 页。

乡村地区也建有数所学校。有些学生，已离开此地区到日本留学。在以前的科举考试中，全县有很多人通过艰苦学习和天赋，或是通过捐纳取得功名。这些人中大部分在历代王朝任各级官职。"[44]可以说，尽管诸城的经济不甚发达却拥有浓重的儒学传统，是鲁文化的典型区域。

与胶州和诸城相比，高密的发展相对较晚，在秦时初设高密县。尽管就地域划分而言，高密属于齐文化所在地，但是高密却同时受到胶州和诸城齐鲁文化的共同影响，并兼有齐鲁文化的双重属性。在经济上，高密境内并无高山，地势平坦，颇利于耕种。[45]只是高密并无胶州之海运和漕运的便利，所以经济发展远不及胶州。另外，虽然受到诸城儒家文化的影响，但是高密却并未出现如诸城般繁盛的世家大族。

总之，瑞华浸信会在此宣教之前，崇尚齐文化的胶州是一座经济发达的非条约性港口城市，推崇鲁文化的诸城拥有诸多世家大族，有着浓厚的儒学氛围，而高密则是一个经济和文化相对落后的区域。不过，随着近代商人阶层的兴起和士阶层的衰弱，三地的格局和处境也随着发生了转变。特别是胶济铁路的开通为高密的发展提供了极好的契机。《胶济铁路经济调查报告》称，"本县货物，及诸城平度等县之货物，经由本县从本路运输者，年约四十五万担。在本路所经东部各县中，亦称重要之货运资源地。"[46]借助胶州铁路成为重要货物集散地的高密，在此之后经济得以快速发展。

但是，胶州的发展却因青岛开埠和胶济铁路的开通而走向没落。经过1932年11月对胶县的调查，《胶济铁路经济调查报告》称，"胶县在青岛未开埠前，以地处冲要，绾毂南北，为鲁东商品集散之一大市场。自清光绪二十四年，德人经营青岛，敷设铁路后，本县繁荣，渐移青岛，今者全年交易总值，仅在四百万元之谱，以视往日之盛，不乏今昔之感。"[47]另外，胶济铁路的开通并未带来胶州的繁盛，原因在于胶州频临胶州湾，而诸多货物的海运要比

---

44 《山东文献》，第24卷第3期，引自郭大松译编：《中西文化交流的先驱和桥梁——近代山东早期来华基督教新教传教士及其差会工作》，北京：人民日报出版社，2007年，153页。

45 余有林等修、王照青纂：《高密县志》，卷二《地舆》，民国二十四年铅本，青岛胶东书社承印，第1-24页。

46 殷梦霞，李强选编：《民国铁路沿线经济调查报告汇编》（第5册），北京：国家图书馆出版社，2009年，第601页。

47 殷梦霞，李强选编：《民国铁路沿线经济调查报告汇编》（第5册），北京：国家图书馆出版社，2009年，第577-578页。

铁运的费用更加低廉，而且，胶州站的货物输出只在青岛和沿线各县，[48]而海运的市场在南方，交易额亦明显高于胶济铁路。[49]所以，胶州既未能因胶济铁路的修建而促进经济的发展，反而因青岛的崛起而迅速沦落为青岛经济的腹地位置。

相对于胶州优越的地理位置和高密便利的交通而言，诸城皆不具备，从而成为三地经济最为落后的地区。《胶济铁路经济调查报告》记载，"本县幅员广阔，地理腴厚，农产丰富。全县经济，实惟是赖。工业经济，殆无足称。惟以距离本路约一百二十里之遥，去海亦远，交通不便，经费奇昂。"[50]正如报告所言，诸城虽然农业经济发达，但是交通不便，铁路运输依靠高密站转运，但是诸城与高密间的交通并不发达，从而增加了运输的难度。[51]另外，诸城亦借助胶州的红石崖通过海运进出口货物[52]，但是胶诸之间的交通不便同样阻碍着本地经济的发展。另外，在胶济铁路于1904年建成通车的第二年，清廷宣布废除科举制度，而士阶层也开始走向衰落并逐渐被社会边缘化。如此，诸城引以为傲的世家大族和儒学传统转而成为该地区近代元素发展的牵绊。

综上所述，以青岛开埠和胶济铁路的修建为分界线，该区域的社会特性可以分为两个明显不同的时期。在此之前，胶州和诸城各因齐文化和鲁文化的传承而拥有较高的社会影响，并分别于1899年1905年成立瑞华浸信会的分会。胶济铁路通车之后，高密成为重要的货物集散地并得以迅速发展，并于1921年成为该会的第三大传教站。那么，三地不同的经济结构和社会人文因素又会如何影响瑞华浸信会的宣教事业，而后者又会使该地域发生何种改变？笔者在下文的论述中将尝试回答这些问题。

---

48 《胶州站输出入大宗货物概述表》，殷梦霞，李强选编：《民国铁路沿线经济调查报告汇编》（第5册），北京：国家图书馆出版社，2009年，第570-572页。

49 殷梦霞，李强选编：《民国铁路沿线经济调查报告汇编》（第5册），北京：国家图书馆出版社，2009年，第578页。

50 殷梦霞，李强选编：《民国铁路沿线经济调查报告汇编》（第5册），北京：国家图书馆出版社，2009年，第624页。

51 殷梦霞，李强选编：《民国铁路沿线经济调查报告汇编》（第5册），北京：国家图书馆出版社，2009年，第601页。

52 殷梦霞，李强选编：《民国铁路沿线经济调查报告汇编》（第5册），北京：国家图书馆出版社，2009年，第618页。

三、发展概况

1892 年 3 月 16 日，瑞典浸信会派出的第二位来华传教士令约翰到达上海。第二年，文道慎因积劳成疾回国。1894 年，任其斐、任桂香夫妇（J. A. Rinell and Hedvig Rinell）与安娜女士（Miss Anna P. Holtz）到达胶州加入令约翰的传教工作，[53]四人由此开始了瑞华浸信会在胶州—诸城—高密一带的宣教事业。那么，在之后 60 年的宣教岁月中，瑞华浸信会传教士与当地社会发生了怎样的融合与碰撞，并最终使该会发展成为此区域最具影响力的宗派？

先从文道慎何意选择该宣教区域开始说起。文道慎曾在 1893 年 1 月 27 日的日记中写到，"我很觉得这个地方适好为瑞典浸会宣教士布道的区域，因为这里从来没有那一个会派的宣教士常驻，并且接近美南浸协会驻华的弟兄们，可从他们得着帮助。"[54]在文道慎看来选择胶州至少有两点考虑。其一，在文道慎到来之前，美北长老会、美南浸信会、英国浸礼会等诸多差会已在山东开辟了宣教区域，而根据睦谊协约[55]，文道慎只能选择其它差会尚未开垦的处女地[56]，从而避免了与其他教会争夺宣教区域和信众。其二，美南浸信会（Southern Baptist Convention, SBC）已在周围地区（平度、黄县、即墨）设立了传教点。与其同属浸礼宗的关系，使得初来传教的文道慎可以获得该会诸多的帮助。

不过，文道慎和令约翰在最初的传教工作中却遭受了重重的障碍，文道慎甚至决定放弃在该区域的工作。1893 年秋，文道慎因为身体原因离开了中国。鉴于在山东传教的困难状态，文道慎在离开之时向瑞典总部建议放弃在山东的传教区域，并与在四川布道的美南浸信会合作。[57]但是，令约翰却希望继续留在山东传教，并且写信给瑞典海外传道部的秘书声明自己与文道慎的不同

---

53 吴立乐（Lila Watson）：《浸会在华布道百年史》，上海：中华浸会书局，1936 年，第 208-209 页。

54 吴立乐（Lila Watson）：《浸会在华布道百年史》，上海：中华浸会书局，1936 年，第 208 页。

55 中华续行委办会调查特委会编：《中华归主—中国基督教事业统计（1910-1920）》（中），中国社会科学院世界宗教研究所译，北京：中国社会科学出版社，1985 年，第 408 页。

56 其实，在瑞华浸信会到来之前，美北长老会已在此传教，据 J. E. Lindberg, *Kinaminnen och fältupplevelser*, Stockholm: Ernst Westerbergs Boktr.-AB. , 1948, p. 32.

57 J. E. Lindberg, *Kinaminnen och fältupplevelser*, Stockholm: Ernst Westerbergs Boktr.-AB. , 1948, p. 12.

意见。他认为四川的气候更不适合生活，而且从山东搬迁到四川对于如此小的差会而言是一项昂贵巨大的工程。最终，瑞典总部接受了令约翰的建议，并在《瑞典浸信会每周杂志》中公布了该会的决定，"根据文道慎弟兄的建议，像我们在非洲所做的一样，在中国也与美南浸信会进行合作，这可能是我们最好的选择。但是，出于各方面原因的考虑，我们决定现阶段继续独自在山东开展传教事业。根据我们的能力，我们不得不缓慢地进行工作。我们现在通知令约翰弟兄我们将会安排传教士进入他所选择的城市，范围不应该扩大太多，而胶州看起来是一个非常合适的地方。"[58] 1922 年，瑞典海外传道部的巡视员林德恩牧师（C.G. Lundin）到瑞华浸信会传教区域视察，对其选择的宣教区域亦给予了充分的肯定，"选择的宣教区域是非常好的，我们知道这是诸多考虑和祈祷后的结果。现在我确定上帝听到了这些祈祷，并且用最大的仁慈回答了他们。问题在于这个地方在未来对瑞华浸信会来说是否足够大，不过应该不需要担心这件事情，因为这里的人口足以抵得上整个瑞典国的人口。"[59]

尽管存在诸多的困难，但是文道慎选择该区域时对其有利条件的判断还是极为准确的。瑞华浸信会早期的发展的确得到了美南浸信会的诸多帮助，而且该会早期始终依附于美南浸信会，直到 1920 年才得以脱离美南浸信会的控制而独立发展。可以说，瑞华浸信会无论在宣教理念、组织结构还是教会运作方面等都借鉴于美南浸信会，所以笔者意欲在两差会比较的基础上对瑞华浸信会的各项事业和组织运作进行简要的概述。

1. 宣教理念和组织结构

令约翰曾坦言，"我对于登州、黄县和平度的记忆是在我们寻找开拓宣教地点的最初两年里在这些地方得到热情的帮助。对于我们而言，这些地方是获得指导和休息的地方。美南浸信会和我们都遵循着跟母会相同的理论和实践，所以他们的宣教理念和方法自然成为我们的模板。"[60] 那么，美南浸信会的宣教理念如何？瑞华浸信会是否如令约翰所说秉持了美南浸信会的宣教理念？

58　J. E. Lindberg, *Kinaminnen och fältupplevelser*, Stockholm: Ernst Westerbergs Boktr.-AB. , 1948, pp. 12-13.

59　J. E. Lindberg, *Kinaminnen och fältupplevelser*, Stockholm: Ernst Westerbergs Boktr.-AB. , 1948, p. 13.

60　J. E. Lindberg, *Kinaminnen och fältupplevelser*, Stockholm: Ernst Westerbergs Boktr.-AB. , 1948, p. 31.

美南浸信会在山东的先驱传教士包括花雅各（J. T. Dolmes）[61]夫妇、海雅西（J. Boardman Hartwell）[62]夫妇和高第丕（Tarleton Perry Crawford）[63]夫妇，分别于1859年、1860年和1863年到达山东传教。1861年，花雅各被捻军所杀之后，美南浸信会由海雅西和高第丕掌管，但两人却因传教理念的不同致使矛盾不断激化加之海雅西夫人身患重病等原因，海雅西于1874年返回美国。从此，美南浸信会在高第丕的管理下开始了长达20年的保守传教时期。在此期间，该会在高第丕的带领下执行不雇佣中国职员之教务政策[64]，并且专注于布道事业，不主张教会开办教育和医疗等事工。高第丕甚至在1884年关闭了在登州开办的所有学校。但是，高第丕的宣教理念却使得该会在山东的传教事业越加低迷，高第丕也日渐受到该会内部传教士的反对，并最终于1892年被美国总部开除。据统计，美南浸信会在1893年时共有传教士17人，布道站3处，信众140人。[65]对于一个已在山东工作了30年的教会而言，这样的成绩实在太过差强人意。为了该会更好地发展，海雅西于1893年再次被派往登州传教。该年11月11-15日，第一次山东传教士大会在青州举行，会议除对刚刚去世的倪维思（John Livingstone Nevius）[66]进行哀悼之外，也对其秉

61　花雅各（J. T. Dolmes）：美南浸信会传教士，1859年受美南浸信会海外传道部派遣抵达山东烟台，由此揭开了近代美南浸信会在山东活动的序幕。1861年1月，和海雅西夫妇在烟台组建了"山东第一个新教差会"，这是美国南浸信会在山东也是华北的第一个差会。1861年10月，被捻军所杀，花雅各夫人迁至登州，烟台的工作废止。

62　海雅西（J. Boardman Hartwell, 1835-1912）：美南浸信会传教士，1858年被按立为牧师，同年7月，被美南浸会海外传道部派往中国宣教。1860年底，海雅西夫妇从上海转赴烟台。次年1月，迁居登州府。1894回到美国，1893年重新到达登州传教。1912年去世。

63　高第丕（Tarleton Perry Crawford, 1821-1902）：1850年受美南浸信会的派遣前往上海传教，1863年，转到山东登州继续传道。1892年，因宣教理念受到诸多抨击被该会开除。之后，在山东创办福音教会（Gospel Mission）继续传教。1900年，义和团运动的爆发后回到美国。1902年去世。第二年，高第丕夫人再次回到山东，继续在福音教会事奉，直到1909年去世。

64　中华续行委办会调查特委会编：《中华归主——中国基督教事业统计（1910-1920）》（中），中国社会科学院世界宗教研究所译，北京：中国社会科学出版社，1985年，第409页。

65　*Records of the First Shandong Missionary Conference Held at Qing Zhou, November 11-15, 1893,* Shanghai: the Presbyterian Mission Press, 1894, p. 6.

66　倪维思（John Livingstone Nevius, 1829-1893）：美北长老会传教士，1854年到达宁波传教，1861年转往山东登州，1872年再次前往烟台传教，直到逝世。在烟台传教期间，开辟示范农场，引进美国苹果、梨、葡萄和梅等优质树种及栽培技

持的宣教理念进行了激烈的讨论。众所周知，高第丕的宣教理念与倪维思如出一辙，所以这也成为对美南浸信会宣教理念的争论。其实，这本就是一场胜负已决的较量，因为倪维思和高第丕传教方式的失败早已摆在眼前。会议之后，美南浸信会在海雅西的带领下开始调整宣教战略，除了福音布道之外，也兼顾教育、医疗和慈善等事工，美南浸信会由此进入了快速发展的新阶段。到 1912 年时，共有传教士 46 人，布道站 87 处，信众 1065 人，该差会学校数目由 1898 年的 7 所迅速增长到 1912 年 171 所，学生人数由 1527 增长到3418 人。[67]可以说，从 1893 年海雅西改变宣教战略到 1912 年的 20 年间，美南浸信会山东部取得了相当不错的成绩。

那么，瑞华浸信会是否完全接受了海雅西的宣教理念？当然不是，或者说不完全是。其实，在瑞华浸信会内部并存有三种不同的宣教理念，并分别以胶州、诸城和高密为中心形成了三大阵营。其一是以任其斐家族为首的胶州区域，奉行现代主义的传教方式，尤其注重教育事工的发展；其二是以令约翰家族为首的诸城区域，奉行基要主义的传教方式，受到内地会和高第丕[68]的影响较大；其三是以李安德（Ando Leander）为首的高密区域，基本沿袭了瑞典教会的传统。三种不同的宣教理念使得三地呈现出不同的发展态势，同时也使得三方在教会各项事务的决策中时常发生矛盾，这在教会学校立案问题上得以充分表露，笔者将在第三章详细论述。

瑞华浸信会的管理和组织结构则随着该会规模和程度的发展阶段，呈现出不同的模式。1891-1920 年为第一阶段，此时瑞华浸信会先后形成了胶州和诸城两大布道区域，尽管拥有各自的传教士会议和全体议会，但是仍旧是美南浸信会议会的一份子。1892 年 10 月，文道慎和令约翰接受美南浸信会的

术，并将美国树种与中国树种相嫁接，生产出香蕉苹果。著有《中国和中国人》《差会工作方法》《神学总论》等书多部。提出"倪维思方法"，包括每位信徒都可以成为传道员；所有信徒接受非领薪布道员的管理；所有有关教会的建筑物只能依靠信徒的捐献和参与而建立，所有牧师不能接收外国差会的任何补助；注重《圣经》，任何活动都以《圣经》为中心，所有信徒都要参加查经课，以系统化的方式对《圣经》进行彻底地研究，对于违反教规的信徒也要按照《圣经》的教导严格惩戒。"倪维思方法"在传教界引起了众多的争论。

67 *Records of the Second Shandong Missionary Conference Held at Weifang, October 15-25,* Shanghai: the Presbyterian Mission Press, 1899, p. 139. D. MacGillivrary ed. , *China Mission Year Book*, Shanghai: Christian Literature Society for China, 1913, p. 480.

68 当文道慎和令约翰到达中国宣教之初便住在高第丕家中数月之久，从令约翰之后的宣教实践可知，其受高第丕宣教理念的影响很深。

邀请加入蓬莱议会。[69]此时，正是美南浸信会内部遭遇大变革的时期，瑞华浸信会的传教事业也刚刚起步，联合符合双方各自的利益。1907 年，登莱联盟正式改名为"山东议会"，之后随着加入差会的数目越来越多，范围也越来越广泛，往西到了山西及陕西，向北达至辽宁、吉林和黑龙江，该议会于 1917 年再次更名为"华北议会"。[70]在此期间，该议会由最初的美南浸信会和瑞华浸信会的联合组织发展成为囊括诸多差会的联合议会。

　　1920-1951 年是瑞华浸信会组织结构发展的第二个阶段。1920 年，瑞华浸信议会成立，开始独立于美南浸信会而自行发展。同年，瑞华浸信会以会体扩大，交通阻梗，往来费资颇巨等原因宣布不再以 4 个分会（胶州会、诸城会、王台会和冷家村会）的形式参加华北议会，而以新成立的山东瑞华浸信议会代表瑞华浸信会参加华北议会的活动。[71]关于独立的原因，令约翰回忆到，"我们没有办法跟上其他教会的脚步，他们在任何方面的资源都比我们优越，与他们相比我们的工作总是黯然失色。有的时候，我们参加会议的代表总会感到失落。我已经发现这个问题很久了并且提出我们应该从中分离出来，但是我的观点直到 1920 年任其斐再次提出这个问题后才受到重视，所有的人都同意了这一建议，而且我们也从未后悔过我们的决定。"当然，令约翰也指出，"独立于美南浸信会并非因为宣教理论、争吵或者猜忌，而是因为现实的原因。我们拥有相同的教会组织，宣教书籍和主日学教程等。这些年以来，我们还可以互相派代表参加各自的会议，我们也可以将不同水平的学生送去他们的学校和神学院。尽管我们离开了，但是我们的兄弟情义却并未改变。"[72]可以说，随着瑞华浸信会实力的增强，其不再甘于完全依附于美南浸信会，而是选择以独立的身份进行平等交流。

　　瑞华浸信议会的成立，标志着瑞华浸信会正式拥有了自身的议会组织。1920 年 12 月 10 日，第一届山东瑞华浸信议会在胶县浸信会堂举行，并仿照华北议会订立会制。1922 年第三届议会时，该会的本体得以确立：

69　J. E. Lindberg, *Kinaminnen och fältupplevelser*, Stockholm: Ernst Westerbergs Boktr.-AB. , 1948, p. 26.

70　吴立乐（Lila Watson）：《浸会在华布道百年史》，上海：中华浸会书局，1936 年，第 153 页。

71　任其斐、令约翰、侯述先：《山东瑞华浸信会 50 周年纪念集》，青岛瑞华浸信会出版社，1941 年，第 49 页。

72　J. E. Lindberg, *Kinaminnen och fältupplevelser*, Stockholm: Ernst Westerbergs Boktr.-AB. , 1948, p. 41.

（1）本议会名为山东瑞华浸信议会。

（2）会中任职者五人，即会正、副会正、书记、副书记、司库，余为会友。

（3）会中任职者，每年一次选举，新者未举，后者不得退。

（4）本议会之会友，即各会之代表，聚会时同有发言解决权，有牧师职及西国师娘、姑娘即不作代表，亦与代表同。

（5）各会每五十教友派一代表，且必选无可指摘者，持有该会之信，方可入会。

（6）本议会无管理各会之权，只能劝勉联络，并激发各会之热心，故每逢聚会之期，唯讲题念论解疑答问与教育慈善等事。[73]

从这份简章中可以看到，该议会每年举行一次，而且由各分会轮流召开；议会管理委员会由选举产生，每年选举一次；议会对各会并无管理权，只是各会间每年一次的交流平台。第七届议会修改的简章中也规定了该会的宗旨为"注重传道教育慈善三大端"。[74]就是说，议会的讨论话题并不涉及各会的内政和财政等事务，而且对各分会并无强制实行权，只是交流探讨性质。可以说，瑞华浸信议会并非该会的管理组织，而是该会中各分会的联合组织。既然该议会并非瑞华浸信会的管理机构，那么该会真正的管理机构是什么？

其实，除去瑞华浸信议会之外，该会每年都会举行一次传教士大会，在传教士大会上，除了讨论财政预算和支出以外，还会讨论前一年的传教工作状况和进行必要的选举活动，大会选举出指导委员会以管理本会的工作。当然，在传教士大会内部出现矛盾或遭遇重大问题时，传教士大会便呈交瑞典海外传道部，请求总部作出最终裁决。[75]不过，传教士大会对于各会的传教活动同样没有管理权。所以，不得不承认瑞华浸信会实则被分割为胶州、诸城和高密三个互不统属的领域。尽管，三大传教区域可以通过传教士会议和瑞华浸信会议会实现联系和交流，但是两会均无实际的管辖权。即便仅仅用于交流之目的，其一年一次的频率恐怕也很难达到理想的效果。所以，该会真

---

73 任其斐、令约翰、侯述先：《山东瑞华浸信会 50 周年纪念集》，青岛瑞华浸信会出版社，1941 年，第 52-53 页。

74 任其斐、令约翰、侯述先：《山东瑞华浸信会 50 周年纪念集》，青岛瑞华浸信会出版社，1941 年，第 58 页。

75 H. J. Danielson & K. A. Modén Etc, *Femtio år i Kina, Stockholm B.-M: s Bokförlags A.-B.*, 1941, pp. 50-52.

正的管理组织其实存在于三大宣教区域内部，即各区域的传教士会议和全体议会。以诸城会为例，传教士会议每年举行 3-4 次，大多发生在 1 月、5 月和 9 月，但是时间并不固定，参加人数包括所有在诸城的男传教士和女教士，设有主席和会议秘书。会议讨论的问题主要涉及教会的财务和人事问题，包括中国同工的聘用和薪金，传教士的工作分工问题，布道所的修建和修葺，教会房屋等的买卖问题。在 1 月份的会议中，各会（诸城会、保国山会、河圈会）的负责人需要报告该会上一年度的工作状况。[76]诸城会的全体议会大致每两个月举行一次，主要商讨教会内部事物，包括信徒的考核、受洗、犯规信徒的劝勉、开除教徒，传道人任务分配、与其它分会的交流等。[77]

2. 布道事业

文道慎因疾病回国之后，令约翰与任其斐两人在胶州开始了艰难的布道事业，起初两人在胶州的大街上、集市上和附近的乡村努力传播福音，并得到掖县医士孙维汝的帮助。[78]直到 1899 年 4 月 30 日，瑞华浸信会首批信徒四人在胶州城外的河流中受洗。同年，另有两名信徒受洗，胶县会从而得以成立。[79]这是瑞华浸信会成立的第一个分会，1905 年令约翰在诸城为四名信徒受洗，标志着诸城会的建立。之后，瑞华浸信会各地分会相继成立，（表 1-1）而信徒人数也不断增多。（表 1-2）到 1939 年，瑞华浸信会 12 个分会全部成立。1940 年，除胶州、王台、诸城和高密有传教士驻扎外，另有 95 个布道站，传教士 8 名、女教士 12 名、传道人 59 名，圣经妇女 32 名，信徒 4960 人。[80]

---

76 《驻诸城浸礼会活动记录 I》，1912-1917，H/D-10，瑞典文，诸城市档案馆藏；《驻诸城浸礼会活动记录 II》，1917-1945，H/D-11，瑞典文，诸城市档案馆藏。

77 《诸城浸礼会记录》，1918 年 6 月 2 日-1941 年 1 月 7 日，C4-143，诸城档案馆藏。

78 任其斐、令约翰、侯述先：《山东瑞华浸信会 50 周年纪念集》，青岛瑞华浸信会出版社，1941 年，第 1 页。

79 "Twins born in Sweden", Lennart John Holmquist, *Foreign Devils-A Swedish Family in China: 1894 to 1951,* 2012-12-13, http://www.switzerland-traveler.com/Family-Archives/Rinell-Book/006-Table-of-Contents.htm
钟星五、任其斐、王继善：《山东瑞华浸信会历史》，双珠印书馆，1926 年，第 1 页。

80 H. J. Danielson & K. A. Modén Etc, *Femtio år i Kina, Stockholm B.-M: s Bokförlags A.-B.,* 1941, p. 193.

表 1-1：瑞华浸信会各分会成立时间表

传教站	胶　州					诸　城			高　密			日照
分会	胶州会	王台会	冷家村会	铺镇会	王哥庄会	诸城会	保国山会	河圈会	高密会	索家村会	沟头会	日照会
成立时间	1899	1909	1915	1923	1935	1905	1934	1938	1921	1939	1924	1923

资料来源：任其斐、令约翰、侯述先：《山东瑞华浸信会50周年纪念集》，青岛瑞华浸信会出版社，1941年。

表 1-2：瑞华浸信会每年受洗人数和总信徒数（以每 10 年计）

时　间	分会数	受洗人数（当年）	信徒数
1899	1	6	6
1900	1	2	8
1910	3	49	332
1920	4	175	1204
1930	8	103	2945
1940	12	236	4960

资料来源：Danielson, H. J. & Modén K.A. Etc. *Femtio år i Kina,* Stockholm B.-M: s Bokförlags A.-B., 1941.

从表 1-1 和 1-2 的分会和信徒数量从总体上展示了该会 50 年的发展，但是各区域和各分会的发展状况却存在着较大的差距，如表 1-3 所示，胶州区域拥有人数最多的信徒，占了总人数的 52%，其次为高密区域，拥有 38% 的信徒，而诸城会仅有 8% 的信徒。当然，这与该会的宣教战略、信徒受洗审查程序和当地社会的人文因素等不无关系，笔者将在第二章中对此问题进行详细探讨。

表 1-3：1940 年瑞华浸信会各分会信徒人数表

传教站	胶　州					诸　城			高　密			日照
分会	胶州会	王台会	冷家村会	铺镇会	王哥庄会	诸城会	保国山会	河圈会	高密会	索家村会	沟头会	日照会
信徒人数	764	795	446	280	310	230	135	39	1157	157	579	68
总数	2595					404			1893			68
	4960											

资料来源：H. J. Danielson & K. A. Modén Etc, *Femtio år i Kina, Stockholm B.-M: s Bokförlags A.-B.,* 1941.

　　除了信徒人数分布的不平等，该会的布道站分布也不均衡，其中 43%的布道站分布在胶州区域，如表 1-4 所示。另外，图 1-2 显示的 1926 年瑞华浸信会布道站分布状况也可以直观地看到胶州是布道站最为密集的区域。另外，图 1-2 也展示了该会基本的宣教网络，即以胶州、诸城、高密三大县城为基本点，向四周的城镇和乡村扩散，是一种典型的地缘网络结构。

表 1-4：1940 年瑞华浸信会各分会布道站数目统计表

传教站	胶　州					诸　城			高　密			日照
分会	胶州会	王台会	冷家村会	铺镇会	王哥庄会	诸城会	保国山会	河圈会	高密会	索家村会	沟头会	日照会
布道站	10	14	6	6	5	12	6	1	20	5	7	3
总数	41					19			32			3
	95											

资料来源：H. J. Danielson & K. A. Modén Etc, *Femtio år i Kina, Stockholm B.-M: s Bokförlags A.-B.*, 1941.

图 1-2：1926 年瑞华浸信会分会和讲堂分布状况

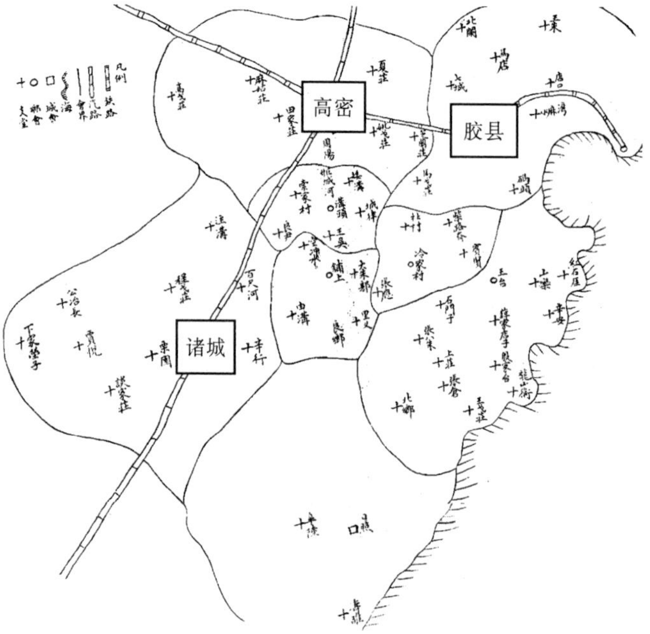

资料来源：钟星五、任其斐、王继善：《山东瑞华浸信会历史》，双珠印书馆，1926 年，第 16-17 页。

通过以上数据可知，瑞华浸信会的宣教事业在 50 年间的确取得了不错的成绩，那么，与同在山东传教的其它差会相比，这样的成绩又处于怎样的地位？表 1-5 显示了美北长老会、美南浸信会、英国浸信会和瑞华浸信会在 1893、1898 和 1912 年的发展状况。从表中可以明显地看出，瑞华浸信会的发展与同时期山东的三大传教差会相比，瑞华浸信会显然是远远落后了。就美南浸信会而言，虽然其成绩明显高于瑞华浸信会，但是据 1893 年和 1898 年的统计数据，其发展状况却与美北浸信会和英国浸礼会存在相当大的差距。美南浸信会作为首个在山东传教的新教差会在此工作 30 余年后仅仅取得如此成果，与先前该会推行的宣教战略不无关系。不过，据 1912 年的统计数据，改革后的美南浸信会的各项事业都获得了快速的发展，并缩小了与上述两个差会的差距。上文讲到 1920 年之前瑞华浸信会始终依附于美南浸信会，而后者的转变必然也会对前者的发展产生影响。

表 1-5：山东部分差会发展状况统计表（1893-1912）

年代	差会名称	传教士			布道站	信徒	教堂	按立本地人员	学校	学生
		男	女	总						
1893	美北长老会	28	35	63	6	3764	—	—		
	美南浸信会	8	9	17	3	140	—	—		
	英国浸礼会	13	12	25	2	2315	—	—		
	瑞华浸信会	2	0	2	1	0	—	—		
1898	美北长老会	27	37	64	250	72279	—	—	123	1878
	美南浸信会	5	7	12	11	5343	—	—	7	176
	英国浸礼会	15	18	33	290	22900	—	—	94	1010
	瑞华浸信会	2	2	4	2	—	—	—		
1912	美北长老会	—	—	88	433	12441	—	24	311	4777
	美南浸信会	—	—	46	87	4065	122	5	171	3418
	英国浸礼会	—	—	36	300	5089	—	20	136	—
	瑞华浸信会	—	—	12	27	648	35	—	32	600

资料来源：*Records of the First Shandong Missionary Conference Held at Qing Zhou, November 11-15, 1893*, Shanghai: the Presbyterian Mission Press, 1894. *Records of the Second Shandong Missionary Conference Held at Weifang, October 15-25*, Shanghai: the Presbyterian Mission Press, 1899, p. 139. D. MacGillivray ed., *China Mission Year Book*, Shanghai: Christian Literature Society for China, 1913, p. 480.

3. 教育事业

据 1922 年《中华归主》的调查，山东省共有教会初级小学 942 所，学生 17083 人，仅次于福建和广东二省。本省教会高级小学共 142 所，学生 2782 人，逊于福建、广东、直隶、江苏四省。全省教会中学 40 所，高等教育仅有齐鲁大学一校。从表 1-6 中可以明显地看到，瑞华浸信会有初级小学 49 处，仅占全省教会初级小学总数的 4%，这除了受到美南浸信会宣教战略的影响之外，当然也与该会的资金、人力和物力等各方面实力有关。另外，表 1-7 显示了 1940 年教会学校在各分会的分布状况。从表中可以看出主日学和学校的数量、教员和学生人数，胶州区域都具有绝对优势，高密次之，诸城最弱。如此局面的形成，自然与各会领导人的宣教理念密切相关。任其斐家族掌管的胶州各会，极力提倡教育事业的发展，并创办和经营着该会唯一的一所教会中学。相反，令约翰家族管理的诸城各会更加注重传播福音，对于教育事业并不热衷。正是差会内部对于教育事业的不同理念造就了教会教育事业分布失衡的局面。

表 1-6：山东各差会初级小学比较表

宣教会	北长老会	英浸礼会	美浸信会	圣道公会	美以美会	华北英圣公会	瑞浸信会	公理会	德信义会
教会初级小学	351	148	221	16	43	40	49	26	29
总　数	923								

资料来源：中华续行委办会调查特委会编：《中华归主——中国基督教事业统计（1910-1920）》（中），中国社会科学院世界宗教研究所译，北京：中国社会科学出版社，1985 年，第 424 页。

表 1-7：1940 年瑞华浸信会各分会教会学校的分布状况

区　域	分　会	主日学			学校		
		学校数	教员数	学生数	学校数	教员数	学生数
胶州	胶县会	13	40	766	4	15	448
	王台会	7	8	160	4	4	74
	冷家村会	6	6	239	5	5	150
	铺镇会	6	5	60	0	0	0
	王哥庄会	4	6	120	2	3	74

诸城	诸城会	2	8	150	2	5	161
	保国山会	2	3	35	1	1	17
	河圈会	1	1	20	1	1	16
高密	高密会	13	20	470	14	17	412
	索家村会	4	6	150	4	4	88
	沟头会	4	4	93	4	4	82
	日照会	3	4	50	1	1	20
总 数		65	111	2313	42	60	1542

资料来源：H. J. Danielson & K. A. Modén Etc, *Femtio år i Kina, Stockholm B.-M: s Bokförlags A.-B.*, 1941.

1900 年，任桂香在胶州西关大井街创办瑞华男子小学，当时共有学生 5 人，[81]这是该会教育事业的开端。从表 1-7 中也可以看到该会教育事业的发展，到 1940 年，共有学校 42 所，教员 60 人，学生 1542，另外主日学 65 所，教员 111 人，学生 2313 人。但是在该会 1926 年出版的《瑞华浸信会历史》中，编者仍旧指出了诸多教育事业发展中不尽如人意之处：

> 按各布道区域兼设学校，借以传主道而育人才也。创始者不无苦心，而该地人淡漠视之，以学生之入校，如有求于彼。增荣无限者，是以旋兴旋仆者有之，虽民心梗塞使然，而传道者与教授者朝张暮李，吃饼者众，尽职者寡。子弟成才与否，何预吾事。即有一二自好者，又非专务人才，贡献者无多。若经一次失败，传道事工，身体与精神上，大受打击呜呼。卅余年志教育，成效如此者，谓非吾辈之罪，将谁诿。孟子曰，中也弃不中，才也弃不才。则贤不肖志相去，其间不能以寸，况指导者尚不中才也乎。故仅追叙设学地点，而传道者与教授者，非有特别之故，概从略云。[82]

本书的编者是高密传道人钟星五、胶州传道人王继善和任其斐，三人都是瑞华浸信会的先辈人物，在本是歌功颂德的教会历史中，三人公开指出教会教育事业的弊病，可见其问题之严重性，也表明了教会意欲改变现状的鲜明立场。此后不久，新成立的南京国民政府开始大力实施收回教育权计划，对教会学校的立案提出了严格的标准。瑞华浸信会在此前成立小学的规模和

---

81 钟星五、任其斐、王继善：《山东瑞华浸信会历史》，双珠印书馆，1926 年，第 3 页。
82 钟星五、任其斐、王继善：《山东瑞华浸信会历史》，双珠印书馆，1926 年，第 18 页。

设施无法满足要求，学校或合并或直接关闭，由 1926 年的 79 所[83]减少到 1940 年的 42 所，不过学生数目仍旧相当可观。除此之外，为了培养传道人才，该会亦成立了圣经学院。1920 年，高密成立了圣经学院。之后，胶州也成立了一处圣经女学院。但是，这两处学院都是短期的培训性质，直到 1938 年两处学院合并于胶州。[84]

4. 医疗和慈善事业

近代基督新教的传播一开始就与医疗活动联系在一起，并最终将医疗事工发展成为传教的重要手段之一。不论是一开始传教士个人简单的施药救助，亦或是后来专业传教士的行医治疗；不论是一开始简易的教会诊所，亦或是后来设备精良的教会医院的开设；不论是一开始医疗助手的培养，亦或是后来颇具盛名的医学院的开设，这些都见证了一个多世纪以来基督教医疗事工的成长。但是，不可否认的是医疗事工在各个差会中的发展并不均衡，这不仅在于医疗事工的良好发展需要专业的医疗传教士，更需要投入大量的资金来支撑医院的运作和日常开销。另外，医疗传教的效用从传教之初便受到诸多质疑，许多传教士认为医疗传教的资金投入与其效果并不成比例，并建议将资金用于其它方面，表 1-8 显示了 1922 年《中华归主》对山东部分差会医疗事业的统计状况。

表 1-8：山东省部分差会医疗事业统计

宣教会	医　院	药　房	男病房	女病房	每年住院病人
北长老会	11	6	221	83	2349
公理会	2	10	90	60	1049
美浸信会	4	3	87	43	628
瑞浸信会	1	1	7		35

资料来源：中华续行委办会调查特委会编：《中华归主——中国基督教事业统计（1910-1920）》，中国社会科学院世界宗教研究所译，北京：中国社会科学出版社，1985 年，第 429 页。

---

83 钟星五、任其斐、王继善：《山东瑞华浸信会历史》，双珠印书馆，1926 年，原书无页码。

84 任其斐、令约翰、侯述先：《山东瑞华浸信会 50 周年纪念集》，青岛瑞华浸信会出版社，1941 年，第 89-91 页。

可以看出，与美北长老会、公理会和美南浸信会相比，瑞华浸信会的医疗事业相当薄弱，这自然与其相对弱势的宣教实力相关，另外专业医疗传教士的缺少也是一个重要原因。任其斐也曾在1941年坦言，"我们一直都在期盼着能够派来一位医学传教士，但这是一个大问题。另外，建立一座拥有现代设备的医院也是一个大问题……在芬兰的一位医生曾经说过如果条件允许的话，他准备来中国。我们也正在努力促成此事，如果中国的时局正常的话，我们会尝试请他来。如果成功的话，我们的医疗事业将会迈向新的台阶，而中国人对医疗的需求也促使我们将这个计划变成现实。"[85]可以说，对于各方实力欠缺的瑞华浸信会，虽然希望推行医疗事工，但是困难是确实存在的。不过，即使在此状况下，瑞华浸信会还是努力开展了一些医疗事工。

1910年，该会传教士李安德在胶州设立了瑞华医院，进行医疗传道。1919年，李安德在高密重新设立一间医院。除李安德开展医疗事工之外，曾经在瑞典受过专业助产训练的瑞典女传教士白多加（Matilda Persson）于1913年亦在诸城开设了一间医院。[86]在两人和助手的努力下，该会的医疗事工曾做出过一定的成绩。《中华归主》报告瑞华浸信会共有1所医院，1间药房，7间男病房，每年有35个住院病人。（表1-8）但是据瑞华浸信会的报告，在1911-1921年间，该会共有3个诊所，4名医生和助手，15间病房，290名住院病人，51873名问诊病人。[87]两个报告的时间相近，但是却相差甚远，除了1919年开办的高密诊所可能晚于《中华归主》调查之后开办外，其它两处诊所的其中一处可能尚未达到《中华归主》所谓医院的要求。无论如何，该会的医疗事工仍旧惨淡。而且，因为教会内部的派系争斗，李安德离开瑞华浸信会，前往青岛另立教会。瑞华浸信会的医疗事业更加落寞。1941年，瑞华浸信会50周年庆典时，便未对医疗事业进行任何统计。

正如医疗事业所面临的资金问题一样，该会的慈善事业同样因为资金问题而规模甚小，不过白多加女士于1922年在诸城成立的孤女院却成为该会最为重要的慈善事业。到1940年为止，该院共接收了67名女孩入院。孤女院

---

85 H. J. Danielson & K. A. Modén Etc, *Femtio år i Kina, Stockholm B.-M: s Bokförlags A.-B.*, 1941, p. 54.

86 任其斐、令约翰、侯述先：《山东瑞华浸信会50周年纪念集》，青岛瑞华浸信会出版社，1941年，第4、8、13页。H. J. Danielson & K. A. Modén Etc, *Femtio år i Kina, Stockholm B.-M: s Bokförlags A.-B.*, 1941, p. 54.

87 H. J. Danielson & K. A. Modén Etc, *Femtio år i Kina, Stockholm B.-M: s Bokförlags A.-B.*, 1941, p. 54.

的经费完全由瑞华浸信会拨给，同时接受信徒的捐赠。在该院生活的女孩，或进入瑞华学校读书后成为教员，或受洗成为信徒，或由该院出嫁，或兼而有之。孤女院成功地完成了它的使命，即"要使一切可怜的女孩得到活命并抚养成人，施以相当的训练和教育，使其将来对家庭社会国家，皆能有所贡献。最要紧的是，希望他们能信靠耶稣，身灵得救，一生为主做工，荣耀父神。"[88]

四、结论

从 1891 年文道慎来华到 1951 年瑞华浸信会最后一批传教士离开中国，瑞华浸信会在华传教 60 年，共派出 47 位传教士。[89]在此期间，传教士和中国同工在各地通过口传福音、散播圣经、引领奋兴会等方式进行布道外，还开办了中小学校、圣经学院、医院、孤女院等。诚然，在众多西方来华传教团体中，瑞华浸信会的传教势力和影响都是有限的。但是，该会通过 61 年的努力最终成为胶诸高地区最具影响力的西方基督教差会。曾是该会信徒的殷颖牧师回忆道，"'瑞华中学'旁边便是巍然耸立的大教堂，每当主日钟声悠扬，全县都可以听到，而高耸的教堂钟楼塔尖，更是全县的著名地标。"[90]尽管，这座讲堂早已不复存在，但是它却留在了当地诸多人的时空记忆里，当然除了这高耸的钟楼塔尖和钟声悠扬，自然还有那段岁月中基督精神的传播。

---

88 任其斐、令约翰、侯述先：《山东瑞华浸信会 50 周年纪念集》，青岛瑞华浸信会出版社，1941 年，第 92 页。

89 （瑞）任雪竹：《胶州瑞华中学的故事》，邱芷译，殷颖：《我的镂金岁月》，济南：齐鲁电子音像出版社，2010 年，第 200 页。

90 殷颖：《我的镂金岁月》，济南：齐鲁电子音像出版社，2010 年，第 22 页。

图 1-3：瑞华浸信会胶县教堂

1913 年竣工，是该会最大的教堂，文革期间被毁。（Alice Rinell Hermansson 提供）

第二章　本色化实践：中西复合元素构建的地方教会

基督教自唐代传入之始便开始了本色化的进程，经过元明清三朝到民国，一直到新中国的三自爱国运动，基督教断断续续地走过了几个世纪的本色化进程，但是迄今为止，中国基督教会仍旧未能真正实现本色化。学术界有关教会本色化的研究已有诸多成果[1]，不过先前研究大多关注于本色化的过程研

---

1 林治平主编：《基督教与中国本色化》，台北：宇宙光出版社，1990 年；王成勉：《文社的盛衰：20 年代基督教本色化之个案研究》，台北：宇宙光出版社，1993 年；邢增福：《文化适应与中国基督徒（1860-1911）》，香港：建道神学院出版社，1995 年；林治平主编：《基督教在中国本色：论文集》，北京：今日中国出版社，1998 年；吴安国：《中国基督教对时代的回应（1919-1926）》，香港：建道神学院，2000 年；段琦：《奋进的历程：中国基督教的本色化》，北京：商务印书馆出版社，2004 年；刘家峰：《中国基督教乡村建设运动研究（1907-1950）》，天津人民出版社，2008 年；陶飞亚：《中国的基督教乌托邦研究-以民国时期耶稣家庭为例》，北京：人民出版社，2012 年；邢增福：《本色化与民国基督教教会史研究》，《近代中国基督教史研究集刊》，1998 年 1 期；段琦：《从中国基督教历史看教会的本色化》，《世界宗教研究》，1998 年第 1 期；程翠英：《疏离与忠诚——20 世纪中国基督教本色化历程研究》，《华中师范大学学报（社会科学版）》，2002 年第 4 期；段琦：《中国基督教的本色化》，《中国社会科学院院报》，2003 年第 3 期；吴义雄：《自立与本色化——19 世纪末 20 世纪初基督教对华传教战略之转变》，2004 年第 6 期；李向平：《"本色化"与社会化—近代上海—海派基督教的社会化历程》，《上海大学学报（社会科学版）》，2004 年第 3 期；吴义雄：《民族主义运动与华南基督教会的本色化》，《学术研究》，2004 年第 12 期；吴义雄：《华南循道会的本色化之路——以二十世纪前期为中心的考察》，《宗教学研究》，2006 年第 3 期；刘家峰：《从差会到教会：诚静怡基督教本色化思想解析》，《世界宗教研究》，2006 年第 2 期；王兴、王治心：《中国基督教

究，继而探讨本色化的必要性和阶段性成果，在专注于教会本色化特征的同时，忽视了本色化进程中教会所呈现的整体面相。其次，在研究推动教会本色化进程的人物研究时，多集中于传教士和知名信徒，而忽略了普通传道人和信徒。此外，一些研究论著在以中国本土教会为例论证中国基督教的本色化时，大多只关注本土教会自身的本色化进程，而忽视了其发展对于同地域其它教会的影响。其实，在笔者看来，正是传教士、中国同工和信徒影响共同构成了中国教会本色化的整体面向，中西各种元素在自觉与不自觉中对教会的本色化进程产生了推动或者拖曳的效力。那么，中国教会在三方力量的作用下又将呈现出何种本色化的面相？

在本章中，笔者主要借助传教士的回忆录、日记和信件，以及瑞华浸信会的会议记录和教会信徒统计报告等材料对此问题加以阐释。在传教士方面，从 1892 年来华到 1947 年离开，令约翰在中国生活了 55 年，回到瑞典之后，于 1948 年出版了在华传教回忆录《中国记忆和经历》，该回忆录抛开时间线索而以令约翰所生活过的城市为单元展开叙述，包括上海、烟台、登州、平度、胶县、诸城、高密、日照和青岛。关于本书的内容，作者在序言中讲到，"我的经历开始于上海，结束于青岛。在我的回忆录中，你可以看到瑞华浸信会的初来传教士在山东遭遇的各种状况；他们得到美南浸信会的指导和帮助，并且建立了自己的教会。在最初的岁月里，充满了辛劳、苦难和挣扎，直到他们在这个地域安定下来并且开始熟悉并学会如何应对传教工作的各种状况。"[2] 其次，1894 年来华并于 1951 年离开的任其斐家族亦对外公布了其在华生活的家族史[3]，其中引用了该家族人员大量的日记和信件等材料以求还原该家族在华传教和生活的历程。再次，1920 年代-1930 年代在此传教的司大卫（Eric Strutz）和司德馨（Doris Strutz）夫妇留下了大量的信件，其中包括他们在华的传教生活和对中国社会的各种认知与看法。笔者希

本色化运动的先锋与杰出的教会史学家》，《中国宗教》，2008 年第 4 期；Daniel H. Bays, *Christianity in China: From the eighteenth century to the present,* Stanford University Press 1996. Jessie G.Lutz, "The Signification of Protestant Christianity: Nineteenth century beginnings"，陶飞亚、梁元生编：《东亚基督教再诠释》，香港中文大学出版社，2004 年。

2 J. E. Lindberg, *Kinaminnen och fältupplevelser*, Stockholm: Ernst Westerbergs Boktr.-AB. , 1948, p. 1.

3 Lennart John Holmquist, *Foreign Devils-A Swedish Family in China: 1894 to 1951,* 2012-12-13, http://www.switzerland-traveler.com/Family-Archives/Rinell-Book/006-Table-of-Contents.htm

望借助以上资料，在梳理其传教工作的同时，窥探其内心世界对于中国社会和民众的认知与态度。在教会方面，现在存世的《诸城浸礼会记录》[4]囊括了诸城浸信会自 1918 年-1940 年间该会上百次的会议记录，为了解该教会的运作状况提供了详细的第一手资料。其次，记录诸城瑞典传教士会议的《驻诸城浸礼会活动记录》[5]详细记载了从 1912-1945 年间传教士会议所涉及的教会事务和财务问题。再次，《河圈浸信会名目册》[6]中记录了保国山会和河圈会受洗信徒的详细状况，包括姓名、年龄、住址、职业、受浸的时间和地址以及之后的迁会或出教等信息，从而为笔者分析该会的信徒构成和状况提供了切实的依据。

一、异域文化下的生存之道：传教士自身的处境化努力

不可否认，传教士自进入中国的第一天起，便开始了本色化的进程。在这一阶段，传教士的本色化虽说是为传教做准备，但更为直接的目的在于尽快融入中国的社会生活以更好地生存下去，而首当其冲的便是语言问题。

1891 年 3 月 26 日，文道慎到达上海，后进入安庆内地会所办的语言学校学习中文。令约翰到达烟台之后，跟随文道慎继续在美南浸信会传教士高第丕家中学习中文达数月之久。[7]1892 年秋，两人来到平度美南浸信会的住所继续中文学习。[8]在胶州传教时期，令约翰继续中文的学习。[9]根据令约翰的回忆，其学习中文的时间长达数年之久。至于学习的过程和效果，令约翰并未提及，不过任其斐的夫人任桂香却对此有过描述，"上帝啊，我觉得自己是如此得无用。我没有办法做任何事情，我的舌头被完全束缚住了，帮帮我，帮帮我们吧。我的心热切地期盼着可以为这个罪孽深重的世界的朋友讲解福音。"虽然她不能与当地的民众交流，不过她鼓励自己至少还可以祈祷："上帝，我虽然还不能在妇女中展开工作，但是我很高兴我至少可以为此祈祷。"

4　《诸城浸礼会记录》，C4-143，诸城档案馆藏。

5　《驻诸城浸礼会活动记录 I》，1912-1917，H/D-10，瑞典文，诸城市档案馆藏；《驻诸城浸礼会活动记录 II》，1917-1945，H/D-11，瑞典文，诸城市档案馆藏。

6　《河圈浸信会名目册》，H/D-5，诸城市档案馆藏。

7　J. E. Lindberg, *Kinaminnen och fältupplevelser*, Stockholm: Ernst Westerbergs Boktr.-AB., 1948, p. 22.

8　J. E. Lindberg, *Kinaminnen och fältupplevelser*, Stockholm: Ernst Westerbergs Boktr.-AB., 1948, p. 24.

9　J. E. Lindberg, *Kinaminnen och fältupplevelser*, Stockholm: Ernst Westerbergs Boktr.-AB., 1948, p. 34.

[10]这篇日记写于 1895 年，此时任桂香抵达中国已有一年时间，因为语言问题而无法与当地民众交流，从而产生了巨大的孤独感和挫败感。不过，随着时间和学习经验的积累，这种状况开始好转。1895 年 11 月，在到达中国一年半之后，任其斐进行了第一次中文布道。除了来听道的民众，令约翰夫妇也坐在下面，任桂香更是怀着兴奋、渴望、期待和紧张的心情聆听丈夫的第一次中文布道。事实上，这次布道相当成功，至少他的发音不错，民众们都听懂了。任其斐在日记中写到，"当我进行完第一次中文布道之后，我有一种无法表达的愉悦之情，因为我感觉到了自己的价值。在沉默了这么久之后，再次重新跟上帝的子民对话，我感到非常得高兴。"[11]来华一年半之后，任其斐进行了第一次中文布道，可以想见其学习中文的能力和用心。

对于令约翰和任其斐夫妇而言，聘请中文先生学习中文是他们唯一的选择。不过，随着西方在华传教团体势力的扩大和瑞华浸信会实力的增强，该会后期来华的传教士大多被派往北京的传教士语言学校进行中文学习，而1920 年代来华的司德馨和司大卫便是其中的一份子。司德馨在 1925 年 4 月30 日的家书中写道，"上周日，我们去了一座中国教堂以验证我们是否明白他们的讲道。但是，我们只能听懂一些词语，对讲道的内容基本不懂。"[12]在6 月 11 日的家书中，司德馨称她很好地完成了语言的考试。[13]司德馨于 1924年 9 月到达青岛，1925 年 9 月已回到胶州，所以其在语言学校学习的时间最多为一年。虽然顺利完成了语言学校的学习，但是司德馨回到胶州之后继续跟随先生学习中文直到 1928 年底。[14]不过，司德馨显然更喜欢语言学校的教授方式，"我现在回到胶州了，而且开始能读一些东西。我的老师是一位学问很好或者可能只是不坏的传道人，我们的学习速度非常慢，要花 3 到 4 个小时来读约翰福音，然后再花同样的时间自己进行理解。在北京，老师却为我们提供所有的东西。我很开心已经在北京学会了如何规划自己的学习，并

---

10 "Escape to Chefoo（1895）", Lennart John Holmquist, *Foreign Devils-A Swedish Family in China: 1894 to 1951,* 2012-12-13, http://www.switzerland-traveler.com/Family-Archives/Rinell-Book/006-Table-of-Contents.htm

11 "Escape to Chefoo（1895）", Lennart John Holmquist, *Foreign Devils-A Swedish Family in China: 1894 to 1951,* 2012-12-13, http://www.switzerland-traveler.com/Family-Archives/Rinell-Book/006-Table-of-Contents.htm

12 Letter from Doris to her parents, April 30 1925.

13 Letter from Doris to her parents, June 11 1925.

14 Letter from Doris to her parents, Nov 25 1928.

且为此打好了基础。这是非常有用的！"[15]不过，令约翰在评论两种学习途径时指出，"最近很多年，新来的传教士都会到北京的语言学校学习中文。他们比我们 50 年前学得更快也更好，不过他们也发现很难忘掉北京方言而再学习传教所在区域的方言，从而影响他们的传教工作。最重要的事情不是说官话或者满语或者方言，而是说话的对象能够明白你的意思。如果不能学习工作区域的方言，那么将会失去目标，而这是教会的损失也是上帝的损失。"[16]相对于司德馨和令约翰的两极评判，司大卫的观点相对中立并且提出了一些解决办法。他在一封介绍北京语言学校的信中讲到：

> 这所学校有男女教员共 80 名，都拥有很好的教学技能。我们一周有五天课，每天有 5 个小时的时间学习中文。除了学习语言，学校还为我们提供了有关中国社会各方面的讲座。事实上，这为将来的语言学习和在中国的生活打下了一个很好的基础。关于方言的问题，对于之后在北京工作的人来说，这所学校的课程无疑是最好的，但是对于那些将要去不同方言省份的人来说却并非如此。你首次接触的方言将会一直存在于你的意识里。
>
> 在经济方面，我认为在这所学校里学习一整年的时间对于像我们这样的差会而言太过昂贵了…一个学期（三个月）总的花销要达 520.35 克朗，其中并不包括日常花销等费用。现在，差会必须来决定传教士在这所学校学习的期限。在这里学习一个或者两个学期足以使一位新的传教士对中文和如何学习中文有一个大致的了解。
>
> 而且，我想说的是，在这所学校里，我们不仅与我们曾经熟悉的瑞典的生活环境脱节，更与我们将来传教的区域隔离。关于这一点，当然有很多的缺陷，不过也不必总是对此耿耿于怀。只要在这所学校中保持清醒的认识，那么就不会沦陷。[17]

从司大卫的话可以看出，该语言学校拥有良好的师资和教学水准，不仅提供语言学习而且为学生了解中国社会提供各种知识。但是，北京方言对于服务于不同方言区的传教士而言无疑是一个问题。其次，在该校学习的费用

---

15 Letter from Doris to her family from Jiaozhou, Sept 8 1925.

16 J. E. Lindberg, *Kinaminnen och fältupplevelser*, Stockholm: Ernst Westerbergs Boktr.-AB. , 1948, p. 25.

17 "My Impressions from the Language School in Beijing", *PM from Eric Strutz to Swedish Baptist Mission in Sweden*, Jan 10 1927.

太多昂贵，司大卫建议缩短该会传教士在此学习的时间。再次，在该校学习容易与外界社会脱离，特别是之后服务的传教地域。于北京语言学校毕业之后，司大卫回到胶州并继续跟随先生学习中文，到1928年12月，进行了第一次的中文布道。[18]而司德馨也在1928年11月25日，教授了第一节中文的主日学课程。[19]司大卫1926年8月来华，司德馨1925秋年来华，到他们第一次用中文布道或者上课已经度过了2-3年的时间。

从文道慎、令约翰和任其斐夫妇到司大卫夫妇以至于整个差会的传教士到达中国之后都必须学习中文，而这一项浩大持久的工程往往会占据他们数年的时间。之于传教士，学习语言不仅是传教的媒介，更是在中国生存和工作的首要前提。除语言学习之外，中国服饰亦是前期传教士们必须予以接受的中国事物。1892年3月24日，在令约翰到达上海8天之后见到了前来迎接的文道慎。令约翰回忆道，"我们在分别一年多之后终于见面了。他的中国式装束完全改变了他的形象，这是一个怎样的改变啊！我也必须像中国内地会的男性传教士一样改变我的装束。在内地会，穿中国服装是强制性的，因为这可以使他们尽可能地与中国民众近距离接触，并以任何可能的方式争取信众。"第二天，文道慎便帮令约翰置办了中国服装，并刮去了他的胡子，戴上了假辫子。[20]虽然，在吃中国食物和用筷子方面，每个传教士都会遭遇苦难和尴尬[21]，但是这些与语言学习相比都较容易克服。不过，对于某些中国风俗和伦理道德，传教士们却在各种因素的作用之下被动接受并履行。司大卫和司德馨在瑞典时已经订婚，但是来到中国之后鉴于中国的婚姻观念而不能住在一起。司德馨曾经在家书中写到，"我对于订婚的人要住在一起这件事情表示犹豫，因为你不得不在意中国人的看法。"[22]司大卫也表达过同样的观点，"我们被暗示说不要在公众场合表现得太过亲密。在这个国家，订婚的人甚至都不能手挽手在大街上走。一天晚上，因为下大雨司德馨住在了我的房间里，这引起了邻里的不少议论。"[23]

18　Letter from Eric to Doris' parents, Dec 16 1928.

19　Letter from Doris to her parents, Nov 25 1928.

20　J. E. Lindberg, *Kinaminnen och fältupplevelser*, Stockholm: Ernst Westerbergs Boktr.-AB. , 1948, p. 4.

21　J. E. Lindberg, *Kinaminnen och fältupplevelser*, Stockholm: Ernst Westerbergs Boktr.-AB. , 1948, p. 8.

22　Letter from Doris to her parents from Kikungshan, June 7 1926.

23　Letter from Eric to Doris parents, Nov 18 1926.

在笔者看来，穿华服、吃中餐等等外在的行为在短时间便可以改变，而令约翰的一身华服装扮也只花费了 20 克朗[24]。学习中文才是传教士进入中国之后最大也是最艰难的改变，而这却也是必须而为之的事情。在中国社会习俗方面，尽管在传教士看来诸多中国的礼仪和限制都过于苛刻甚至残酷，并且也在戒烟、反对缠足和一夫多妻制方面做出过努力，但是面对某些中国固有的社会习俗，比如残酷的刑法、家教的方式、男女关系等方面虽有指责却也并未干涉，甚至于自觉地服从。当然，服从并不代表认同，可能的解释在于生活在中国民众之中的传教士虽不是弱势群体，却是十足的少数群体，在巨大的社会道德舆论和无处不在的社会环境影响之下，他们便在下意识中服从于当地诸多的社会习俗。

在学习中文的同时，传教士们积极筹备传教工作，只是在初期的传教事业中，除了语言障碍之外，"异己"的身份和不被信任始终是先期传教士们面临的障碍。在胶州安定之后，令约翰和任其斐再次开始了艰难的开拓事业。任其斐曾回忆到，"在 1898 年新年，我们两个人每天都要在街头的布道站进行布道。我们一个人留在布道站里布道，另外一个人到街上去布道。当他在街上讲道结束之后，便将感兴趣的人请到布道站。就这样，便有很多人来听我们讲道。"[25]可以想见，从 1895 年底第一次中文布道到 1898 年新年这段时间，任其斐的中文已经有了很大的进步。1899 年春天，在两个人的努力下，第一批信徒刘长增、白振清、宋长山和尚汝田受洗，标志着胶州会的成立。虽然已经取得了第一步传教的胜利，但是这个弱小而新生的群体依旧不被当地人理解和接受。当首批信徒施浸时，当地民众却认为他们在祈雨。[26]

布道的困难和阻力在乡村布道时表现得更为突出。在令约翰到相州（诸城所属市镇，在诸城以北 20 千米）传教的时候，民众只是站在传教站的门口，不敢进入，他们认为进入传教站便加入了外国教派。令约翰劝说民众可以坐在离门最近的地方，这样的话可以随时离开，但是民众依旧犹豫。最终，令约翰只能在传教站外面讲道。不过，为了让民众进入传教站，令约翰邀请妻

24　Lindberg, J.E. Kinaminnen och fältupplevelser. Stockholm: Ernst Westerbergs Boktr.-AB. ,1948, p.4.

25　Rinell, J.A. Svenska Baptistmissionen i Kina, Ett 40-årsminne. Stcokholm B.-M: s bokförlags A.-B., 1931, pp.29-30.

26　Lindberg, J.E. Kinaminnen och fältupplevelser. Stockholm: Ernst Westerbergs Boktr.-AB. , 1948, p.36.

子跟随他一起布道，这样民众因为对外国妇女的好奇心而进入传教站。尽管教会之后用了 10 年的时间努力在这个村子传教，最后依旧失败了。作为外来者的传教士，凭借外貌等异质元素可以吸引民众的注意并听其布道，但是布道的效果往往并不理想。即使民众认真聆听了传教士的布道，也会因为沟通问题和文化差异而导致传教失败。

"我们去了位于胶县西部 20 千米的村庄叫姚哥庄（Yuangkotswang），在那布道过两次并且卖掉一些福音书之后，一些农民开始跟我探讨我的布道，一个人说，"你们外国老师的布道都很好，但是当我们抽大烟的时候就把这些全忘了。"这个真的很令人失望。另外一个人说，"你们外国老师给我们讲了生活意味着什么。"我问他："你是怎么理解的？""最重要的事情就是敬拜天、上帝和我们的祖先。"这真的不是我传道的内容，但是这些聆听者总是存有偏见，并且让他们明白新事物真的非常困难…正如我之前所说的，中国人往往并不去接受传递给他们的信息，而是有自己先入为主的想法。"[27]在这则材料中，传教士遭遇到最主要的问题是沟通障碍，他们无法让乡村民众真正理解自己所要表达的基督观念。不过，这个过程是双方作用的结果。对民众而言，根深蒂固的拜祖观念和无处不在的弥漫性宗教的影响早已成为他们生活的一部分，而重新接受全新的观点和行为准则的确不是一朝一夕或者几次布道便可以轻易实现的。

二、边缘还是中心：中国同工的角色与自我认知

就一个教会而言，支撑其运作的元素大致包括传教士家族和中国同工。在本节中，笔者希望以诸城教会为例对教会的传教团体进行分析，在理清其具体工作模式的同时，对其内在的分工和利益冲突做进一步的分析。根据资料，曾在诸城工作并有史可考的传教士和女教士共 16 位，其主要状况如表 2-1 所示。

表 2-1：曾在诸城工作的男传教士和女教士基本信息表

姓　名	来华时间	离开时间	简　介
J.E.Lindberg Anna Lindberg 令约翰和令爱德	1892/1894	1946	令约翰，1865 年出生，1886 年在斯德哥尔摩受洗，1887-1891 年在伯特利浸会神学院学习，并在 1891 年到伦敦学习

---

27 Lindberg, J.E, Kinaminnen och fältupplevelser, Stockholm: Ernst Westerbergs Boktr.-AB. , 1948, pp.37-38.

			中文。1892 年达到中国。与任其斐共同建立了胶州会，后在 1904 年到达诸城，于 1905 建立诸城会。曾于 1900-02，1912-13，1928-29 年回国休假。1947 年离开中国。
			令爱德，令约翰之妻，1866 年出生，1892 年受洗。在斯德哥尔摩获得教师资格并担任教师之职。曾在伦敦内地会的妇女训练学校学习。1894 年到达中国，1895 年与令约翰结婚，并一直跟随其传教，在诸城开办了教会小学，并任校长。曾于 1900-02, 1912-13, 1928-29 年回国休假。1947 年离开中国。
David Edén Maria Edén 倪典和倪马利	1903	1905	倪典，1874 出生，1893 年受洗。1897-1901 年在伯特利浸会神学院学习。1903 年到达中国，1905 年因健康原因回到瑞典。期间，在诸城游历。
			倪马利，倪典之妻，1884 年出生，1898 年受洗。1903 年来到中国，1905 年随丈夫回到瑞典。期间，在诸城游历。
Matilda Persson 白多加	1910	1946	白多加，女，1885 年出生，1892 年受洗，1907-1908 在瑞典的妇女圣经学院学习。在伯特利浸会神学院学习一个学期，并在英国学习语言。1909 年获得助产士资格。1911 年到达中国，被派往诸城教会，创办诸城教会医院和孤女院。曾于 1919-21，1931-32 回国休假。
A. J. Lidquist Lisa Lidquist 棣奎德和棣利沙	1911	1927/1929	棣奎德，1880 年出生，1895 年受洗。1903-07 年在伯特利浸会神学院学习。1907 年，担任主日学传教士，1908-10 在瑞典担任牧师。1911 年来华，1912 年被派往诸城代理令约翰之职。曾于 1921-22 回国休假。1929 年回国。
			棣利沙，棣奎德之妻，1883 年出生，1902 年受洗。1911 年到达中国。1927 年，因健康原因离开。
Esther Wahlin 魏廉	1906		魏廉，1877 年出生，1895 年受洗。在斯德哥尔摩商学院、圣经学院学习，并任女传道人。1906 年到达中国。1912 年被派往诸城帮助棣奎德夫妇工作。曾于 1914-15, 1926-28, 1935-36 年回国休假。

Signe Lindberg 令瑞玉	1920	1946	令瑞玉，令约翰长女，1896 年出生于平度。1914 年受洗。1903-1913，在烟台内地会开办的女子学校学习。1917-1918 年，回瑞典学习健康护理课程。1918-19 年，学习家政课程。1920 年回到中国，被派往诸城教会。1931-32 年回瑞典休假。
Hulda Andersson 安光华	1921	1938	安光华，女，1890 年出生，1907 年受洗。1918-20 年，在伯特利浸会神学院学习。曾在芝加哥慕迪圣经神学院学习。1921 年到达中国，1922 年与联合教会的安牧师结婚。1923 年丈夫去世。1929-31 年回国休假，1938 年离开中国。
Ninnic Eriksson 倪拯婴	1921	1923	倪拯婴，女，1891 年出生，1909 年受洗。1909 年护士学校毕业，完成婴儿护理课程。1921 年到达中国，被派往诸城教会，跟随白多加女士服务于诸城教会医院。1923 年因为健康原因回国。
Sten Lindberg Alice Lindberg 令阜顺和令玉兰	1929	1946	令阜顺，令约翰之子，1899 年出生于胶县。1919 年受洗。1920-22 年，在伯特利浸信会神学院学习。1928 年，在美国纽约学习医学课程。1929 年回到中国，被派往诸城教会。1936 年，到美国休假。 令玉兰，令阜顺之妻，1905 年出生，1922 年在纽约受洗。1924 年高中毕业。1927 年获得教师资格，后在纽约学习两年音乐课程。1929 年到达中国，被派往诸城教会。1936 年，到美国休假。
Martin Jansson 杨荣道	1932	1948	杨荣道，1903 年出生，1922 年受洗。1926-1930，在伯特利浸会神学院学习。1931-32 年，在英国皇家医学院学习。1932 年，到达中国，并在北京学习语言，曾在王台、诸城、高密教会服务。曾于1939-41 年回国休假。1948 年回国。
Walter Andreén Ingrid Andreén 万乐德和万礼德	1936		万乐德，1906 年出生，1925 年受洗。1930-34 年，在伯特利浸信会神学院学习。1934-1935 年，在英国学习语言。1936 年到达中国并到北京学习语言，后被派往诸城传教。 万里德，1908 年出生，1923 年受洗。高中毕业，并获得小学教师资格。1935-36

		年，在伯特利浸信会神学院学习。1936年到达中国并到北京学习语言，后跟随丈夫来到诸城。

资料来源：H. J. Danielson & K. A. Modén Etc, *Femtio år i Kina, Stockholm B.-M: s Bokförlags A.-B.*, 1941. J. E. Lindberg, *Kinaminnen och fältupplevelser*, Stockholm: Ernst Westerbergs Boktr.-AB., 1948. Matilda Persson, *Among Abandoned Girls in China, the story of the Orphanage in Zhucheng*, Stockholm: Ernst Westerbergs, 1948. 钟星五、任其斐、王继善：《山东瑞华浸信会历史》，双珠印书馆，1926 年。任其斐、令约翰、侯述先：《山东瑞华浸信会 50 周年纪念集》，青岛瑞华浸信会出版社，1941 年。

　　1903 年 3 月，经过多次会议讨论，瑞典海外传道会希望瑞华浸信会在诸城设立新的布道站。[28]1904 年，令约翰夫妇来到诸城传教，并于 1905 年成立诸城会。虽然在此之前倪典夫妇曾到过诸城，但仅是游历性质，并未开展传教工作，故在诸城服务的瑞典人并有史可考的只有 14 位，其中倪拯婴女士因为健康原因只在诸城服务了两年左右的时间便离开。在剩余的 13 位曾长时期供职于诸城的瑞典人中，共有 5 位男传教士，9 位女教士，就是说有牧师之职的人仅有 5 位。再者，因为传教士在诸城工作的时间段不同且有各自回国休假的时间，所以同一时期在诸城工作的传教士则更少。很明显，要确保诸城会的传教、教育、医疗、慈善等各项工作顺利进行，几位传教士的力量自然远远不够，这就牵扯到中国同工（传道人、学校教员、护士、孤女院服务人员等）的问题。

　　据令约翰回忆，1904 年从胶州迁往诸城之时，有一名男传道人、一名圣经妇女和一名售书员共同前来，但是因为念及胶州的家人，不到一年便都离开，之后又雇佣了范永起作为传道人。[29]不过，据 1926 年版的《山东瑞华浸信会历史》记载，跟随令约翰到诸城的有范永起、史宝宗、鞠大嫂和售书员逮才三。[30]所以，最为可能的状况是跟随令约翰而来的是传道人史宝宗和鞠大嫂、售书人逮才三。三人离开之后，范永起被雇佣为传道人。至于诸城会传道人的具体数量，并无确切的数据记载，不过可以从表 2-2 所示的瑞华浸信会全体传教士和中国同工的数据比较中窥探一二。

28　H. J. Danielson & K. A. Modén Etc, *Femtio år i Kina, Stockholm B.-M: s Bokförlags A.-B.*, 1941, p. 20. J. E. Lindberg, *Kinaminnen och fältupplevelser*, Stockholm: Ernst Westerbergs Boktr.-AB. , 1948, p. 44.

29　J. E. Lindberg, *Kinaminnen och fältupplevelser*, Stockholm: Ernst Westerbergs Boktr.-AB. , 1948, p.45.

30　钟星五、任其斐、王继善：《山东瑞华浸信会历史》，双珠印书馆，1926 年，无页码。

表 2-2：瑞华浸信会传教士和中国布道人数量统计

年 份	传教士	男传道人	女传道人	售书员	教 员	中国同工总数
1915	11	75			32	107
1931	25	68	27	11	59	165
1940	20	59	32		71	162

资料来源：H. J. Danielson & K. A. Modén Etc, *Femtio år i Kina, Stockholm B.-M: s Bokförlags A.-B.*, 1941, p. 27, p. 58, p. 84.

从表 2-2 可知，从 1915-1940 年，传教士的数量由 11 人增长到 20 人，而中国同工的数量却由 107 人增长到 162 人。尽管传教士的增长速度明显高于中国传道人，但是后者的绝对值却是前者的 5 倍，这也足以证明中国传道人在教会中人数的绝对优势。从表 2-3 中可知，在瑞华浸信会所设立的 12 个分会中，只有胶县、诸城、王台、高密和日照设有常驻传教士，其它 7 个分会的各项工作大抵由中国同工主持和完成。另外，1940 年在华的 20 位传教士中有 14 位常驻于胶州会和诸城会，王台会、高密会和日照会分别仅有两名传教士常驻。而且，除了诸城会和日照会之外，中国同工的比例都占据绝对优势。就总人数而言，1940 年瑞华浸信会共有 20 位传教士，91 位中国传道人和 71 位中国教员，共 162 名中国同工。

表 2-3：1940 年瑞华浸信会各分会传教士和中国布道人数量统计

各分会	成立年份	男传教士	女传教士	男传道人	女传道人	男教员	女教员
胶县会	1899	3	5	8	9	22	4
诸城会	1905	2	4	5	2	2	3
王台会	1909	1	1	9	5	3	1
冷家村会	1915	——	——	6	3	5	——
高密会	1921	1	1	11	3	14	3
日照会	1923	1	1	2	1	1	——
铺镇会	1923	——		5	3		
沟头会	1924			4	3	4	
保国山会	1934			2		1	
王哥庄会	1935	——		3	2	2	1
河圈会	1938			2		1	

| 索家村会 | 1939 | —— | —— | 2 | 1 | 3 | 1 |
| 总数 | | 8 | 12 | 59 | 32 | 58 | 13 |

数据来源：H. J. Danielson & K. A. Modén Etc, *Femtio år i Kina, Stockholm B.-M: s Bokförlags A.-B.*, 1941, p. 84.

很显然，在瑞华浸信会的日常运作过程中，中国同工所起到的作用是绝对不容忽视的。任其斐亦曾对中国同工对教会的贡献做出过积极的肯定：

> 正如传教士对传教工作有着特有的天赋，中国同工也同样如此。他们大多数人都是很好的演说者。尽管说中国人是天生的演说家会有夸张成分，但是他们可以很好地将他们的想法组织成语言。有些人稍与基督精神接触，你就会发现他们敏锐的洞察力和成熟度，正是因为这个原因，往往可以很容易地找到合适的传道人。他们工作非常努力，很多传道人和教员都已经做出了令人称赞的成绩，他们是教会中最好的资源。[31]

不过，在肯定中国同工成绩的同时，任其斐也看到了其工作中存在的问题：

> 对于中国同工必须要特别地注意。他们总是害怕会被教会驱逐出教，而且有限的教育水平、旧有的习惯和观念使得他们很难找到自己的方向。他们的想象可能使他们所说的问题与基督精神关联甚少，所以他们需要指导，不过这要在不限制他们积极性的前提下。[32]

对于中国传道人，任其斐肯定了其传道的能力。其实，对于中国民众而言，与"异己"的传教士相比，对属于自我群体的中国传道人有着自然的亲近感和更强的信任感，他们更愿意也更容易与中国传道人沟通。对于传道人而言，他们利用这一优势积极与传教对象沟通，并且为了使基督信仰更容易被对方接受，他们往往选择对方更容易接受的传教方式和内容，以致于造成传教对象所接受的基督信仰失去本真。当然，由于传道人本身教育水平和原有习俗与观念的影响，他们对基督信仰的理解可能也存在偏差，而他们作为信息的传播者便再次将其存有偏差的理解传递给信徒，从而使得中国传道人的传教表现和结果偏离了传教士的预期。

31　H. J. Danielson & K. A. Modén Etc, *Femtio år i Kina, Stockholm B.-M: s Bokförlags A.-B.*, 1941, p. 62.

32　H. J. Danielson & K. A. Modén Etc, *Femtio år i Kina, Stockholm B.-M: s Bokförlags A.-B.*, 1941, p. 48.

遗憾的是，在如此多的中国同工中，笔者并未找到关于其自我定位与认知的材料依据，故只能以现有部分传道人的人生经历和工作表现对此群体进行一定的分析。据《诸城浸会记录》，1918-1940 年间有记载的中国同工共有 49 名。笔者在此选取其中 8 名传道人进行分析，现将其主要经历介绍如下：

表 2-4：诸城会部分传道人概况

姓　名	简　介
于明时	1907 年受洗，曾在黄县神学院学习 3 年。1927 年 8 月 5 日，当选副会正。1929 年 1 月 2 日，当选为正会正。1935 年 1 月 20 日和 1939 年 1 月 1 日两次被选举为诸城会牧师，但坚辞不就。1939 年，在外出布道时遇害。在教会服务 32 年。
郭金式	受洗时间不详，何时服务于教会不详。1921 年 10 月 2 日，被选举为执事。1922 年 4 月 2 日，当选瑞华教育会董事和济贫库司库。1923-1924，到黄邑神学院学习。1925 年 1 月 11 日，任司库。1929 年 1 月 2 日，当选为副会正。1932 年 8 月 7 日，辞执事之职，并要求迁会。1933 年议定再请郭金式担任执事之职。郭金式接受邀请再回教会服务。1941 年，任 50 周年大会筹备秘书。
王栋荣	1917 年受洗，何时开始服务于教会不详。1924 年 4 月 6 日，众通过为其涨工资 6000 文。1925 年 1 月 4 日，辞职，众劝勉，并为其涨工资 6000 文。1925 年 2 月 8 日，辞乡学委办，众议照旧。1925 年，令约翰牧师举其为贾悦传教站之副库。1925 年，欲辞书记之职，众劝。1929-1930 年，再次受雇担任布道员，月薪 9 元大洋。1932 年 12 月 10 日，辞去传道员之职，接受教会任命担任保国山小学教员一职。1933 年，去世。
李福田	何时受洗不详。1910 年，被任命为执事。1921 年犯淫乱之罪被革出教会。
王树荣	何时受洗和服务教会不详。1918-1924 年曾任执事。1926 年被革出教会，罪名不详。
张叔明	何时受洗和服务教会不详。1919 年，任近贤村小学教员。1930 年 1 月 19 日，任正书记。1933 年 1 月 8 日，辞书记之职。1934 年 4 月 1 日，被举报有恶劣行为，罪名不详。1934 年 7 月 29 日，上报希望到高密查经班，被拒。1935 年 4 月 7 日，请求吃圣餐，不准。1936 年 5 月 3 日，请求迁至保国山会，准。
徐维金	何时受洗和服务教会不详，1923 年 1 月 7 日，被推举为执事。1924 年 1 月 6 日，正式授予执事之职。1929 年 1 月 2 日，任济贫库司库。1939 年 7 月 16 日，宣布脱离诸城会，司库亦不负责。1940 年 1 月 7 日，会议决定留其名，待其醒悟。

徐向道	徐维金之子。1935 年毕业于胶县瑞华中学。1939 年 1 月 1 日，被选举为主日学副监督。1939 年 7 月 1 日，声明脱离诸城会。1939 年 7 月 2 日，被除名。后改名为徐益民（徐义民），1986 年 9 月，被按立为诸城教会长老，管理诸城教会。

资料来源：《诸城浸礼会记录》，1918 年 6 月 2 日-1941 年 1 月 7 日，C4-143，诸城档案馆藏。钟星五、任其斐、王继善：《山东瑞华浸信会历史》，双珠印书馆，1926 年。任其斐、令约翰、侯述先：《山东瑞华浸信会 50 周年纪念集》，青岛瑞华浸信会出版社，1941 年。

J. E. Lindberg, *Kinaminnen och fältupplevelser*, Stockholm: Ernst Westerbergs Boktr.-AB., 1948.

据表 2-4，于明时称得上是该会资深的中国传道人，在 1929 年选举中国牧师时，于明时以 36 票的绝对优势当选（其余三人票数：郭金式得 26 票，高升汉得 12 票，相保荣得 6 票）。但是选举之后却无下文，于明时也未被按立。1935 年 1 月 20 日，于明时再次被选举为诸城会牧师，但于明时坚辞不就。[33]1935 年 4 月 7 日，于明时仍旧不愿任职。[34]1939 年 3 月 5 日，于明时再次被选举为牧师。[35]但是，不久之后于明时被害[36]，诸城会选举中国牧师一事也随之成为历史。那么，两次被选任为牧师的于明时为什么会一而再地坚辞不就？与相对容易被按立为牧师的传教士相比，中国传道人被按立为牧师不仅是一种荣耀，更是对其工作的认可。在瑞华浸信会的传教史上，只有王继善（1919 年被按立为牧师）和韩凤鸣（1939 年被按立为牧师）获得了此项殊荣。于明时 1907 年受洗，并在教会服侍数年，论资历绝对不输于王继善和韩凤鸣。论声望，1929 年选举牧师时以绝对优势胜出，1935 和 1939 年又两次被选举为牧师，足以证明于明时在诸城会中的声望，如果其接受任职，应该不必担心受到质疑的问题。或者，于明时拒绝接受任命的原因在于其对自身的认知和角色定位。在《山东浸信会息劳同工表》中，于明时的特性是"正直诚实"，并成为所有息劳同工中唯一有此项评价的人。[37]令据令约翰的回忆，"于弟兄是一个少有的智者，他虽然不善言辞，但是他有好的想法并有

---

33 《诸城浸礼会记录》，C4-143，1935 年 1 月 20 日，诸城档案馆藏。

34 《诸城浸礼会记录》，C4-143，1935 年 4 月 7 日，诸城档案馆藏。

35 《诸城浸礼会记录》，C4-143，1939 年 3 月 5 日，诸城档案馆藏。

36 《诸城浸礼会记录》，C4-143，1939 年 7 月 2 日，1939 年 7 月 16 日，诸城档案馆藏。

37 任其斐、令约翰、侯述先：《山东瑞华浸信会 50 周年纪念集》，青岛瑞华浸信会出版社，1941 年，无页码。

着荣耀的人生。"[38]从这些评价中，至少告诉我们于明时并非是一个善于争权夺利的人，而是一个认真做事甘于奉献的中国传道人形象。

同于明时一样，郭金式和王栋荣在教会中亦拥有很高的声望和地位，两人都曾在该会担任要职，而且在辞职之后多次被教会高薪挽留或重聘。教会之所以做出如此决定，一方面在于他们出色的表现和声望，另外也考虑到他们传道多年所积攒的信徒人脉和网络，换句话说对传道人的挽留亦是对其负责传道区域内信徒的挽留。尽管，信徒不会随着传道人的离开而放弃信仰，但是早已熟悉并习惯了特定传道人的传教和牧养方式，对新的传道人自然会有些许的排斥。当然，除了认真侍奉受人尊崇的传道人之外，这一群体亦存在些许叛离教会之人。李福田和王树荣都在教会侍奉多年，却都因触犯教规而被革出教会。张叔明曾担任正书记之职，可见其在教会中的地位，触犯教规之后虽未被革出教会，却处处受到限制，最后申请迁往他会。当然，笔者在诸城教会 22 年的会议记录中仅发现此三例，故而相信这一群体绝对是传道人中的极少数，自然不能因为他们的过失而泯灭数十年间诸多传道人的努力。不过，徐维金父子宣布脱离教会的行为不得不使笔者再次审视传道人这一群体对教会的认识和自我定位问题。

徐向道于 1939 年 7 月 1 日声明脱离诸城会。7 月 2 日，被除名。7 月 16 日，徐维金宣布脱离诸城会，司库亦不负责。9 月 10 日，徐维金全家及其他四名信徒宣布脱离教会。到此时为止，徐氏家族已在该会服侍了数十年，突然宣布退出教会，原因何在？在徐向道（后改名为徐益民或徐义民）的手稿中[39]曾有如此陈述：

> 解放前据说传来我国的基督教会派有五十多个，分布在全国各地。这些教派虽都是信仰基督为一个宗旨，却因国籍的不同、信条不同、观点不同等因素而分化成这些派别，各持己见，甚而互相攻击，各人扩大自己的传教范围，在一个小的县城内就设多个教派的

---

38 J. E. Lindberg, *Kinaminnen och fältupplevelser*, Stockholm: Ernst Westerbergs Boktr.-AB., 1948, p. 48.

39 徐向道曾于 1983 年 11 月 20 日和 1989 年 11 月 6 日分别撰写了《解放前诸城县宗教概况》和《基督教传来诸城的史况》。其中，《解放前诸城县宗教概况》被收录为徐益民：《基督教在诸城传播亲历记》，《诸城市文史资料》（第七辑），1984年，第 242-243 页。但是笔者对比两个文本的内容存在较大的差距，鉴于文史资料存在后期整理修改的成分，笔者在此使用原稿内容作为本文的分析资料。

教堂。我们做信徒的在当时也觉察到这些问题，也谈论过这些问题，是不符合基督教的精神，也是不合乎圣经的教训的。

　　大约是在 1936 年至 1940 年这个阶段，还出现了一些新的宗教活动，如山东济南的"耶稣家庭"，他们宣传号召信徒变卖家产参加"耶稣家庭"共同生活，他们的突出表现是相爱吃苦，他们的传教人到处奔跑传教。还有"灵恩会"，他们以"灵恩"宣讲神迹奇事，常聚会达深夜甚至通宵，也是到处奔跑宣传他们的主张。还有"基督徒聚会处"，他们宣传"教会只有一个"，批判"宗派"，号召信徒"脱离宗派"。[40]

　　我的一家六口人，父亲是虔诚的信徒，领导我们一家人热心事奉主，对当时的宗派林立现象早有疑问，但没有办法解决。在当时的教会情况下，我们持定了一个观点。1. 耶稣家庭的吃苦好。2. 灵恩会的热心好。3. 聚会处的讲道好。4. 烟台查经处的解经好。1940年大约是 6 月间，青岛无棣路聚会处讲道会，我去参加时听到，正讲"教会"的道理，当时使我很振奋，句句可听，确是解决宗派的真理，是教会的道路。会后回家同父亲和姐妹们传达了，都认为很好，后经过长时间的思考，反复论证终于写出书面向瑞华浸会提出退出他们的组织。父亲已是 40 年的信徒，同时又是浸会的执事，影响很大，牧师和一部分信徒前来劝说，但无济于事，就在自己家中开始聚会礼拜。日后也有几个兄姊们先后来参加我家的聚会，多时 20 人左右。[41]

据徐益民（徐义民）的描述，其与家人退出浸信会的原因在于对当时宗派林立的现状感到茫然和痛心，并希望找到教会的出路。1940 年，中国社会笼罩于战争阴霾和社会恐慌之中，而中国的先进民众也在各种思想和势力的宣传与引导下迷茫地寻求着国家和个人的出路。战争期间，民族主义和爱国主义急剧膨胀，而教会合一和本色化运动也在此时出现了大发展，诸多的中国本地教会和传道人活跃于教会界，并产生了广泛的影响。徐向道和父亲徐

40　徐益民：《解放前诸城县宗教概况》（手稿），B-1983-史-001，诸城市基督教三自爱国委员会档案室藏。

41　徐义民：《基督教传来诸城的史况》（手稿），B1989-史-002，诸城市基督教三自爱国委员会档案室藏。

维金作为瑞华浸信会的传道人，在面对宗派林立的问题时，感到痛心并积极寻求教会的出路是情理之中的事情。尽管，徐向道回忆其全家退出瑞华浸信会之后，便在自己家中聚会，并不参加任何教会组织，但是据《基督教在青岛》一书中对青岛聚会处的介绍，徐义民确为聚会处的成员并担任诸城聚会处负责人。[42]当然，徐氏家族加入聚会处，除了宗教理念的考虑之外，也存在中国人自己管理教会的意愿。除了宗教方面的考虑之外，徐向道离开教会是否还有其它方面的原因？《诸城文史资料》中对徐益民离教的原因总结如下：

> 一方面是教会派系繁多，而且各派系间充满着矛盾和斗争……诸多的教派弄得教徒们头昏眼花，无所适从，不知该加入哪个教派好。另一方面，外国牧师们言行不一。他们号召教徒为主吃苦，而他们自己却吃的是山珍海味，穿的是西装革履，过着奢侈腐化的生活；他们号召人们相亲相爱，而他们却对阿谀奉承者亲之近之，对刚直不阿者疏之远之。这一切都暴露了他们的虚伪性和欺骗性。[43]

这篇文章最大的可能是由 1983 年徐益民的手稿《解放前诸城县宗教概况》[44]修改而成，对徐益民离教的原因分析除了其在手稿中强调的摆脱宗派林立的现状以寻求教会发展之路以外，还对传教士进行了两项指控，从而显露了中国传道人与传教士之间的矛盾。其一"奢侈腐化"，与教民的生活相差太多；其二"亲近阿谀奉承者"，疏远"刚直不阿者"。不过，这两项指控是否出于徐益民自身依然有待考察。关于第一项指控，徐益民在 1983 年的手稿《解放前诸城县宗教概况》中并未提及任何关于传教士生活奢侈的内容，虽然在 1989 年的手稿《基督教传来诸城的史况》[45]中曾提及传教士的生活，但是未曾强调其奢侈的一面。关于第二项指控，笔者并未在两份手稿中发现任何此方面的内容。那么，《诸城市文史资料》中出现此项内容，又该做何种解释？其一，这两项指控确实出自徐益民之手，只是并未在上述两份手稿中

---

42 青岛教会：《基督教在青岛》，内部资料，第 150 页。

43 徐益民：《基督教在诸城传播亲历记》，《诸城市文史资料》（第七辑），1984 年，第 242-243 页。

44 徐益民：《解放前诸城县宗教概况》（手稿），B-1983-史-001，诸城市基督教三自爱国委员会档案室藏。

45 徐义民：《基督教传来诸城的史况》（手稿），B1989-史-002，诸城市基督教三自爱国委员会档案室藏。

出现，而是出现在其它笔者并未发现的文献之中。其二，此为《诸城市文史资料》的编辑者添加的内容。尽管，两项指控的来源并不清晰，但是笔者在此希望通过对指控内容的论述对传教士和中国同工的关系做简要的论述分析。

第一项关于传教士生活的指控涉及到教会的财政问题。瑞华浸信会的日常开销以及传教士和中国同工的工资基本由瑞典浸信会本部承担，而关于资金的分配问题则完全由传教士会议决定。就整个瑞华浸信会而言，该会的在华传教士每年都会举办一次会晤，各自报告宣教区域的成绩，并汇报上一年度的开支和下一年度的财政预算。之后，资金被分配到三个主要的宣教中心胶州、诸城和高密，再由三个区域的传教士议会讨论资金的具体使用状况。非常明确，中国同工的薪金待遇完全由传教士会议决定，而且传道人、圣经妇女和教员的薪金存在一定差距，一般而言传道人薪金最高，教员薪金最低，而且每个中国同工的薪金各不相同。1942 年 2 月 10 日诸城传教士会议中公布了 16 位中国传道人的薪金待遇。6 位传道人每月的工资分别为 32（2 人）、30（1 人）和 28（3 人）；3 位圣经妇女工资分别为 22、24 和 26 元；5 为教员的工资分别为 50、32、28、26 和 10 元。[46]由上可知，中国同工的工资从 10-50 元不等。不过，此时正处于战争的通货膨胀时期，工资的数额也随之增长。在此之前，中国同工的工资更低，1939 年时，诸城会中国传道人的工资在 12-14 元/月，教员的工资在 7-8 元/月。[47]而 1930 年，作为诸城会资深传道人王栋荣的工资仅有 9 元/月。那么，当时一同工作的传教士的工资是多少？笔者并未找到诸城会传教士确切的工资记录，但是据《瑞华初级中学二十年度拟定预算书清册》记录，1931 年在校任教的教员工资为 50 元/月，其中包括传教士和中国教员。[48]如若以 1930 年诸城会的工资与 1931 年胶县瑞华中学教员的工资相对比，可以明显地看到后者是前者的 5 倍之多。这样对比，不仅说明了胶县会与诸城会职员的工资差额，也说明了传教士与中国同工之间的工资差距。

46 Minutes form Station Meeting, February 10 1942，《驻诸城浸礼会活动记录 II》，1917-1945，H/D-11，瑞典文，诸城市档案馆藏。

47 Minutes form Station Meeting, January 2 1939，《驻诸城浸礼会活动记录 II》，1917-1945，H/D-11，瑞典文，诸城市档案馆藏。

48 胶县私立瑞华初级中学：《瑞华初级中学二十年度拟定预算书清册》，1931 年，049-001-0003-0033，潍坊档案馆藏。

第二项指控言外之意在于徐氏家族认为在教会中受到排挤和不公正待遇。虽然徐益民将矛头指向传教士，但是这同时也是中国传道人之间的利益之争问题。那么，徐氏所指的"阿谀奉承者"到底是谁？据《诸城浸礼会记录》1939 年供职于该会的中国传道人有：徐维金、徐向道、郭金式、于明时、于志光、于保德、李葆光、王凤平、王翰臣、修子珍、刘师娘、逯师娘、徐师娘、于师娘、方师娘、乔师娘共 16 人。而发生于 1939 年的人事变动只有四项：第一，3 月 5 日，报请于明时为牧师；[49]第二，3 月 5 日，举李葆光、于志光为执事，通过；[50]第三，5 月 6 日，推举于明时为临时会正；[51]第四，7 月 1 日，举郭金式为临时会正；[52]第五，7 月 16 日，徐维金提出辞职并不再负责司库，会议举郭金式和修子珍检查司库账目，并任命修子珍为临时司库。[53]如果可以假设，那么徐氏所指传教士亲近的"阿谀奉承者"应该在于明时、李葆光、于志光、郭金式和修子珍之中。至此，笔者虽无法考证此种推论正确与否，但是传道人之间的利益争夺与隔阂已实实在在的发生了，或者这也可以成为于明时不愿接受牧师之职的原因之一吧。

那么，在传道人的权力之争中，传教士又处于何种地位？传教士的偏袒是否可以左右权力之争双方的格局？上文已经提到，诸城会存在两个议事会，一个是传教士会议，一个是传教士和中国同工参加的会议。只是，两者的职能具有明确的分工，前者主要掌管财政和人事问题，后者主要处理教会的内部事务问题。后者的人员组成主要包括会正、副会正、书记、副书记、司库、副司库和执事。尽管这些职位都由中国传道人担任，但是会议主持者始终是令约翰牧师，而会议中讨论和决定的事务只涉及传道人的工作分配和教徒问题，讨论的财政问题基本限制于济贫司库和募捐等方面。另外，因为中国传道人没有圣职，所以不能单独为信徒进行施洗，这些工作只能交由传教士完成。

总之，尽管中国同工的数量在教会传教群体中占据绝对优势，并且在教会议事会中包揽了所有的重要职务，但是中国同工在教会中并不掌握财政权和管理权。另外，因为未曾按立圣职，故而不能行使任何神职事务。所以，尽

49　《诸城浸礼会记录》，C4-143，1939 年 3 月 5 日，诸城档案馆藏。

50　《诸城浸礼会记录》，C4-143，1939 年 3 月 5 日，诸城档案馆藏。

51　《诸城浸礼会记录》，C4-143，1939 年 5 月 6 日，诸城档案馆藏。

52　《诸城浸礼会记录》，C4-143，1939 年 7 月 1 日，诸城档案馆藏。

53　《诸城浸礼会记录》，C4-143，1939 年 7 月 16 日，诸城档案馆藏。

管承担着教会的大部分具体事务，但是中国同工始终处于教会管理层的"边缘"，这样的局面是由该会的组织结构所决定的，同时传教士对中国同工的认知和后者的自我判断也相当程度地影响了这一局面的产生。相应地，中国同工的边缘地位也使得诸城会的本色化始终停留在初始阶段。

三、守护与被守护：信徒群体的义务与权利

1905 年，令约翰为 4 名信徒施洗，标志着诸城会的成立。之后，受洗教徒不断增多，表 2-5 显示了该会从 1905-1940 年间各年的受洗人数，表 2-6 展示了受洗人数年份百分比。由两表可知，在 1905-1904 年间，尽管几乎每年都有信徒受洗，但是受洗人数却非常有限，35 年中有 23 年受洗人数在 10 人以下，占了总年份数的 64%。受洗人数超过 40 人的只有 1939 年，占所有年份的 3%。不过，该会受洗人数的增长速度却分为两个明显的阶段，1937 年之前该会的增长速度非常缓慢，但是从 1937 年开始受洗人数持续增长。教会总人数方面，在 1932 年之前始终保持在 120 人左右，1937 年之后随着受洗人数的增多，教会的总人数也出现了明显增长。

表 2-5：1905-1940 年诸城会各年受洗人数

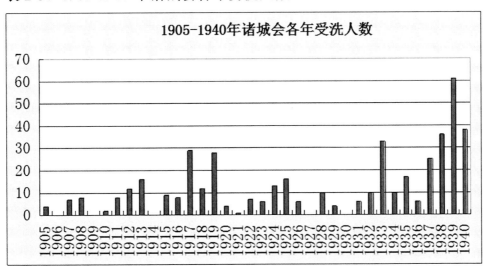

资料来源：任其斐、令约翰、侯述先：《山东瑞华浸信会 50 周年纪念集》，青岛瑞华浸信会出版社，1941 年。

表2-6：1905年-1940年受洗人数年份

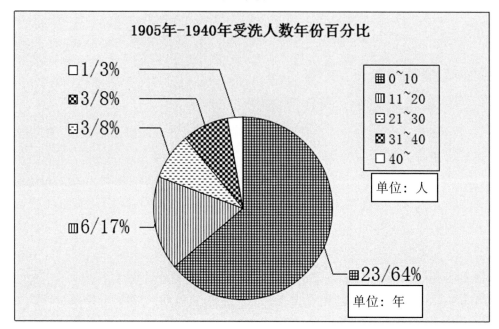

资料来源：任其斐、令约翰、侯述先：《山东瑞华浸信会50周年纪念集》，青岛瑞华
浸信会出版社，1941年。

即便如此，1940年，诸城会仅有203名信徒，而当时瑞华浸信会的信徒总人数已达到4960人，[54]诸城会在12个教会中的信徒总人数位居第8位[55]，这对于一个1905年便建立的教会而言，如此的成绩难免差强人意。那么，发展了36年的诸城教会为什么只有203位信徒？

其一，作为一个信徒增长缓慢的教会，诸城会信徒的受浸资格和程序有着严格的规定。据《诸城浸礼会记录》其程序大致包括：首先，申请人要在该会的议事会上提出受浸的申请。然后，议事会指定两位或一位执事为委办对其德行进行考察，等到下次议会（一般为两个月之隔）执事报告其德行是否合格。若不合格，议会便不接受申请；若合格，申请人要出席议事会并接受牧师的考核，一般为圣经和福音书的知识。考核完毕之后，申请人回避。议

---

54 H. J. Danielson & K. A. Modén Etc, *Femtio år i Kina, Stockholm B.-M: s Bokförlags A.-B.*, 1941.

55 1940年，瑞华浸信会12分会信徒人数：高密会（1157）王台会（795）胶县会（764）沟头会（579）冷家村会（446）铺镇会（280）王哥庄会（310）诸城会（230）日照会（68）保国山会（135）河圈会（39）索家村会（157），据 H. J. Danielson & K. A. Modén Etc, *Femtio år i Kina, Stockholm B.-M: s Bokförlags A.-B.*, 1941, p. 82.

事会讨论是否接受申请人，一般有人举（提议）通过，有人扶（支持），便可接受。这些程序一般在上午进行，一切顺利通过之后，下午申请人接受牧师施浸。[56]一切完毕之后，申请人便正式成为该会受洗信徒。

不过，据表 2-5 所示，该会的信徒人数在日本侵华期间剧增，1937-1940 年间每年的受洗人数分别为 25、36、61 和 38 人。有人便提出质疑，是不是该会在此阶段不再继续延续这一严格的入教程序？当然不是。1937 年 5 月 2 日，分别有福禄坪 6 名，注沟 7 名，枳沟 4 名报名受浸。面对突然增多的信徒，教会并未照单全收，而是决定"暂不派人调查，先派人去上一礼拜查经班。"[57]7 月 4 日，福禄坪查经班教员罗忠全报告开办情形，"学友冷落，不注重上班，没有进步之心，举端暂停办理。"[58]9 月 5 日，委办回报，"郑明禄虽然品行端正，但在主道上不甚明白，举端暂不考浸，以待明年浸期再考其信德。"[59]另外徐贵印姑娘回报了 7 月 4 日报名受浸的 5 名姑娘的考场状况，"五位报名受浸者有两位退后，尚有三位热心主道.......举端考此三位姑娘。"[60]

日本侵华战争虽然已在 1937 年爆发，但是并未蔓延至诸城，所以战争作为民众加入教会的推动力尚不明显。不过，面对报名受浸人数的突然增多，瑞华诸城浸信会竭尽所能地保持严格的信徒受浸程序。1938 年 2 月，日本侵略军进驻诸城，这一年尽管有大量的民众报名受浸，但是在主道上冷淡者亦多。此时，处于战争恐惧中的民众都在寻求生命安全的庇护所，但是真正的归宿何在，无人知晓。于是，慌乱中的民众进行了各种出路的尝试，同时也造成了此时期教会信徒的人数和心理的大动荡状态。不过，希望入教的人数要明显多于对教牧冷淡之人。报名受浸的趋势在 1939 年达到了高潮，本年共有 93 名信众报名受洗。[61]不过，根据统计本年受洗的人数共有 61 名，所以可见当时信徒受洗的淘汰率依旧维持在 34% 左右，这也足以证明诸城会在战争年代依旧延续了其严格的受洗条件和程序。

---

56 《诸城浸礼会记录》，1918 年 6 月 2 日-1941 年 1 月 7 日，C4-143，诸城档案馆藏。

57 《诸城浸礼会记录》，C4-143，1937 年 5 月 2 日，诸城档案馆藏。

58 《诸城浸礼会记录》，C4-143，1937 年 7 月 4 日，诸城档案馆藏。

59 《诸城浸礼会记录》，C4-143，1937 年 9 月 5 日，诸城档案馆藏。

60 《诸城浸礼会记录》，C4-143，1937 年 9 月 5 日，诸城档案馆藏。

61 《诸城浸礼会记录》，C4-143，1939 年 3 月 5 日，5 月 6 日，7 月 1 日，诸城档案馆藏。

其二，除去严格的审查程序，维持教会秩序的严格性也是造成该会信徒群体相对弱小的原因之一。受洗只是信徒教会生活的第一步，在接下来的人生中，信徒必须认真并全心全意地守护基督信仰，这是身为基督徒最基本的义务和责任。如若不然，便要接受教会的惩罚。据表2-7可知，教会的实际总人数与受洗累计人数之间存在着明显的差额，到1940年为止，总差额达到249人（累计受洗人数为452人，实际总人数为203人），这一数字代表的是曾经进入教会但1940年已不在教会的人，即教会信徒的淘汰人数。而这一数字比1940年的信徒总人数还要多36人，也就是说信徒淘汰率要高于50%，这除了受洗信徒的自然死亡之外，还包括信徒迁入其它教会、与教会长期失去联络或者被革出教会等情况。

表2-7：1920-1940部分年份诸城会信徒总人数与累计受洗人数曲线图

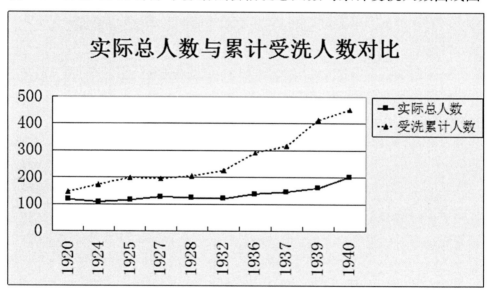

资料来源：任其斐、令约翰、侯述先：《山东瑞华浸信会50周年纪念集》，青岛瑞华浸信会出版社，1941年。《诸城浸礼会记录》，1918年6月2日-1941年1月7日，C4-143，诸城档案馆藏。

虽然无法统计被革除教会信徒的具体人数，但是据《诸城浸礼会记录》记载该会每年都有开除信徒的记录。教会在面对触犯教规（大致包括不守安息日、喝酒、赌博、拜偶像、争吵打架、重婚、奸淫等）的信徒时，会根据其所犯错误的严重程度来确定如何处置。一般而言，当信徒触犯教规后，执事上报议事会。议会讨论之后，情节严重者直接被开除教籍，情节较轻者便派遣委办（一般为两人）到信徒家中规劝，并在下次议事会中上报规劝结果。如果信徒悔改承认错误，议事会经过讨论会赦免其罪；如果其不悔改，便再派委办劝说，如果信徒执意不改，便会被开除教籍，以下是三位触犯教规的信徒记录。

王毓祥：

1919 年 8 月 3 日，被举不守教规。议事会决定派人去劝。

1919 年 10 月 5 日，"口应悔改，恐不实行…再去劝勉。"

1919 年 1 月 4 日，"悔罪改过，谨守主日，做良教友。"

1919 年 6 月 6 日，"已订二女，劝其婚一。王维钫举于明时、王庭楷、令牧师、两位圣经妇女五位去劝。

1921 年 2 月 13 日，"二妻实行退一，但未守安息。令牧举王树荣、任吉全仍劝其守安息。

1921 年 4 月 17 日，"因经商无暇，暂做罢论。"[62]

王毓祥第一次触犯教规是因为不守安息日，因为情节较轻，所以教会派人去劝勉，并直至其悔罪改过。但是，仅仅 5 个月之后，王毓祥再次因婚姻问题触犯教规，致使教会再派人劝勉，而且这次派出了五位委办（《诸城浸礼会记录》中派出委办人数最多的一次），可见该会对此问题的重视。接近两年之后，委办报告成功说服王敏祥坚守一妻制的教会原则，可见教会对此的坚持和付出的努力。不过，委办同时报告，其不守安息日，于是再派人劝勉。两个月之后，委办报告，因为王毓祥经商，无时间守安息日，所以此事暂且作罢。

关于王毓祥所犯的两条教规，不守安息日和重婚，并非个别现象，而不守安息日可谓是最为常见的现象。大部分不守安息日的信徒经过劝说之后，都能悔罪改过，不过屡劝不改的信徒只能接受被开除的命运。重婚是教会绝不容忍的行为，只要触犯此项教规成为既定事实，信徒便会被立即开除。

倪茂德：

1919 年 12 月 7 日，"棣牧举郭金式、李福田去查倪茂德是否被人殴打，失去票钱。"

---

62 《诸城浸礼会记录》，C4-143，1919 年 8 月 3 日，1919 年 10 月 5 日，1919 年 1 月 4 日，1919 年 6 月 6 日，1921 年 2 月 13 日，1921 年 4 月 17 日，诸城档案馆藏。

1920 年 2 月 1 日，"依教讹诈…出教。"

1920 年 4 月 22 日，"已言明其出教。"

1922 年 6 月 14 日，"刘世田报告倪茂德大悔前非，深望教会将他收回，众举王庭楷、郭金式二位查。"

1922 年 8 月 6 日，通过考核，受洗。

1923 年 4 月 1 日，"刘世田报告倪茂德度日艰难，可否济助他，令牧举执事办理。"

1923 年 6 月 3 日，"执事报告倪茂德不应赈济，并闻其有犯教规之事，应派人查。"

1923 年 8 月 5 日，"倪茂德之饮酒事，自己绝不承认，访查邻右，确无其事。"

1933 年 8 月 6 日，倪茂德来函申请迁往长老会，会议决定由会正、书记协同去函劝之。

1934 年 1 月 28 日，会议决定致函在外地教友，包括倪茂德。

63

　　根据记录，倪茂德所触犯的教规包括依仗教会讹诈和醉酒。因为前者，倪茂德被逐出教会，这便牵扯到诸城会的传教原则问题。据令约翰回忆，在其到达诸城雇佣第一位中国传道人时曾经告诫他，在传道的时候，不要像天主教那样传教。当时有流言说如果一个人触犯了法律，便加入天主教寻求保护。[64]从这段文字可以看出，令约翰并不赞成利用条约特权争取信徒，当然也不会容许信徒借助教会的名义获得不正当的个人利益，这在一定程度上将企图利用教会获取利益的民众排拒在教会之外。从另一方面而言，与奉行此政策的天主教而言，诸城会也因此流失了众多的信徒。对于追求信徒数量以提高其传教业绩的教会而言，诸城会的政策显然不是一个明智的选择，但是对于令约翰的团队而言，这却是他们培育纯粹属灵信徒的重要原则，当然这也是内地会所奉行的重要原则之一，由此也可以看出内地会的宣教原则对令约翰的影响。

63　《诸城浸礼会记录》，C4-143，1919 年 12 月 7 日，1920 年 2 月 1 日，1922 年 6 月 14 日，1920 年 4 月 22 日，1923 年 4 月 1 日，1923 年 6 月 3 日，1933 年 8 月 6 日，1934 年 1 月 28 日，诸城档案馆藏。

64　J. E. Lindberg, *Kinaminnen och fältupplevelser*, Stockholm: Ernst Westerbergs Boktr.-AB. , 1948, p. 45.

倪茂德被举报的另一条罪责是饮酒，不过经委办查证并无此事。但是，饮酒的确是众多男性信徒出教的原因。另外，倪茂德的特别之处还在于在被开除教籍两年之后，经申请考核合格之后又重新加入教会，十年之后又申请迁往长老会。在《诸城浸礼会记录》中并未出现倪茂德是否迁教成功的记载，不过诸城会曾经尽力挽留。现在，已无法查证倪茂德重新加入教会又决定迁出教会的原因，不过至少可以得知倪茂德曾经在十几年的时间里始终信主，而且诸城会也尽到了对其牧养的最大职责。

王立纪：

1918 年 6 月 23 日（特别议事会），"因王立纪同其妻并女辱骂教会，徐维金举出教，王维钫扶认可，王庭楷举应出告白贴于四方以报出教。"

1918 年 7 月 19 日，"王立纪辱骂教会被押，今蒙街坊父老为其恳恕，可释放否。王树荣举释放，王庭楷扶，但应至牧师教会前赔礼。"

1937 年 1 月 3 日，报告王立纪愿回本会，派人去查。

1937 年 5 月 2 日，会议通过王立纪回本会。

1937 年 7 月 4 日，"众起立欢迎王立纪先生归回本会。"[65]

王立纪所犯的教规为辱骂教会，这在教会看来应为大罪，并且教会专门为此事召开了特别议事会。一般而言，如若教友被开除教会，都由委办私下通知，但是王立纪出教一事却由教会公之于众，而且被关押，这在诸城会历史上也不多见，可见王立纪所犯错误之大。但是，二十年之后，当王立纪提出重回教会之后，教会经过考察依旧同意接纳，并且全体起立欢迎王立纪夫妇的回归。笔者虽无法查证王立纪的社会身份，但从记录中称王立纪为"先生"看来，王立纪在当地社会应该拥有一定的社会地位，所以教会此举不仅是收留重新归主的信徒，也是教会赢得社会声誉的一项事件。

王毓祥、倪茂德、王立纪，三人都曾触犯教规，王毓祥积极认错而免于出教，倪茂德和王立纪因为情节严重而被革除教会，但是两人又再次申请加入教会并且被重新接受。当然，两者的经历仅是个别现象，绝大多数出教的信徒都没有再回到教会。

65　《诸城浸礼会记录》，C4-143，1918 年 6 月 23 日，1918 年 7 月 19 日，1937 年 1 月 3 日，1937 年 5 月 2 日，1937 年 7 月 4 日，诸城档案馆藏。

其三，部分诸城信徒加入分别于 1934 年和 1938 年成立的保国山会[66]和河圈会[67]，致使 1940 年诸城会信徒的实际总人数保持较低水平。相对地，1940 年时，诸城 5 名传教士和 7 名传道人所牧养的信徒也不仅只有诸城会的 203 人，而是加上包括三个分会在内的 404 名信徒。据诸城档案馆存有的《保国山浸礼会名目册》，1934-1944 年期间，保国山共有 170 名信徒，共分布于 34 个村庄，主要位于诸城市西北部和安丘市南部的石埠子镇和柘木镇，其中石埠子镇与诸城西北部接壤。从各村的地理分布可以看出基督教经过诸城西北部向安丘南部传播的路径。当然，由于大多数村庄集中于石埠子镇的北部和柘木镇的东北部，所以可以清晰地看到信徒的地缘网络分布。尽管该会的信徒分布于 34 个村庄中，但是各村庄的人数分布差距较大，现将各村庄的信徒人数列举如下：

---

[66] 保国山会成立于 1934 年。保国山村在安丘南境山地，先是卢肇锡（1918 年在诸城会受洗）来此散书布道，村人多悦服者。嗣由宿某出房数间，做布道所，于保德（诸城会传道人）常驻，领众读经祈祷，信者益众。1932 年，设立小学，教员郑素贞和王栋荣（原为诸城会布道员）。1934 年 4 月 1 日，诸城议事会讨论了关于保国山会立会事宜。立会之后，杨荣道（诸城会传教士）担任首任牧师，1939 年，万乐德接任回国休假的杨荣道担任该会牧师。1936 年，于明时（诸城会传道员）、宋迎瑞担任传道员，并在石埠子、任家旺和公冶场设布道所。1938 年，卢肇珍（1925 年在诸城会受洗）和罗锡龄担任该会传道员。1940 年，该会教堂及布道所 6 处，小学教员孙立金，学生 17 人，教友 135 名。引自《诸城浸礼会记录》，C4-143，1934 年 4 月 1 日，诸城档案馆藏。任其斐、令约翰、侯述先：《山东瑞华浸信会 50 周年纪念集》，青岛瑞华浸信会出版社，1941 年，第 35-47 页。《保国山浸信会名目册》，时间不详，H/D-5，诸城市档案馆藏。

[67] 河圈会成立于 1938 年。河圈村在莒县北六十里，先是平度牧师李寿亭，在莒县南关租房传道，河圈人王恩康（1932 年受洗）闻而信之。1916 年，莒县浸信会（应属美南浸信会）成立，于临近河圈村的长宁子村设布道所及小学，嗣是忽盛忽衰。1923 年，令约翰牧师来此探寻教友，该处信徒遂有迁入诸城会者。由是诸城传道员于明时、张叔明等时往河圈、长宁子、金华峪等处工作。布道大棚亦曾来过，信者渐众。1938 年，经诸城会讨论通过准其立会。杨荣道为首任牧师，1939 年因杨荣道返国，令阜顺继任本会牧师。1939 年，苏家村设布道所，张子丰担任义务传道员。另外，1938-1940 年间曾在该会担任布道员的包括罗福堂、于保德、张叔明、王域文和张培芍。到 1940 年，该会共有教堂一处，小学一处，学生 17 人，教员为孙端生和王桂欲，共有教友 68 名。引自：任其斐、令约翰、侯述先：《山东瑞华浸信会 50 周年纪念集》，青岛瑞华浸信会出版社，1941 年，第 42 页，第 44-47 页。《诸城浸礼会记录》，C4-143，9 月 11 日，诸城档案馆藏。

表2-8：保国山会信徒分布状况

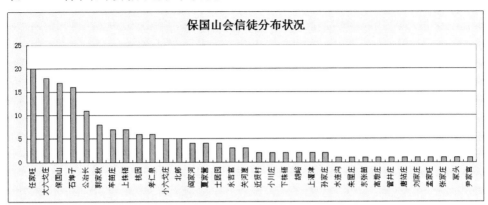

资料来源：《保国山浸信会名目册》，时间不详，H/D-5，诸城市档案馆藏。

从表2-8可知，在34个村庄中超过10个信徒的只有5个，其余的村庄大多零星分布极少量的信徒。保国山是教会所在地，另外任家旺、石埠子和公冶长设有布道所，而信徒也主要分布于上述四处和与之相近的区域。为了更好地分析信徒的个人信息和传播路径，笔者试以保国山村和任家旺村为例做简要的论述。

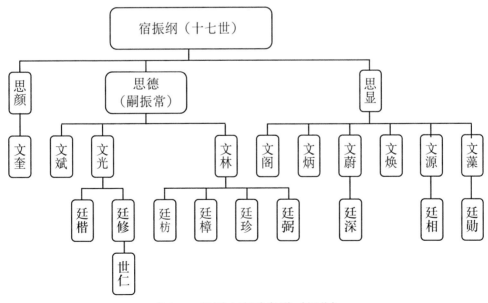

表2-9：保国山宿氏家谱（部分）

资料来源：宿廷泰、宿起成主编修：《宿氏聪祖公派三文支派裔族谱》，2007年，藏保国山村宿姓居民家中。

保国山的居民 80% 左右来自宿姓家族，相当于一个单姓村庄。保国山村的 17 名信徒当中有 14 名属于宿姓，其它 3 名属于潘姓。在该村宿姓家族所修的家谱《宿氏聪祖公派三文支派裔族谱》[68]中可以清晰地看到部分受洗信徒的血缘和家族关系。表 2-9 中笔者加粗的为受洗信徒，可以看到他们皆属于宿氏的第 20 世和 21 世，其中有亲兄弟关系、父子关系、叔侄关系、或者是同一曾祖父的堂兄弟。笔直虽然无法确切考证该村首批信徒信主的原因，但是可以推断基督教在该村的传播网络，即借助血缘和亲缘的关系传播。另外，除了有迹可循的 8 名男性信徒以外，还有 4 名宿姓女信徒，其中有 3 名在 20-22 岁之间受洗。可以推断，受洗的女信徒应该是在未出嫁之前跟随父辈信主。

保国山会成立之后，传道人和传教士负责到此牧养，从立会时的 21 人发展到 1944 年的 170 人。但是，保国山村的信徒数量在此期间却并未相应地增加。1934 年保国山立会成立时共有 21 名诸城会的信徒迁入，其中包括 10 名保国山村的信徒。在立会的当年，该村有 3 名信徒受洗。但是，在此之后的 10 年时间里，保国山村仅有 4 名信徒受洗。加之宿廷楷和宿廷勋分别于 1939 年和 1941 年出教，另有 6 人去世，所以到 1944 年时该会的实际信徒人数只有 11 人，而此 11 人在该村信徒中的比例可谓是微不足道的。另外，该村的信众无一例外都是农民，因为无法胜任堂会书记的工作，所以该堂会的书记皆由外村人担任。[69]可以说，尽管保国山是教会所在地，但是民众的信仰热情并不高。

上文提到，1936 年于明时和宋迎瑞担任保国山传道员，并在石埠子、任家旺和公冶场设布道所，而三地的信徒也拥有一定的规模，其中任家旺村的信徒最多。任家旺的居民 95% 以上属于任氏家族，是一个典型的单姓村庄。该村的 20 名信徒全部属任姓。从地理上而言，尽管任家旺与保国山的地理位置较近，但是该村处于四面环山的山谷地带，交通极为不便，在当时的交通

---

68 宿廷泰、宿起成主编修：《宿氏聪祖公派三文支派裔族谱》，2007 年，藏保国山村宿姓居民家中。

69 本会的首任书记为朱由敬（安丘上株梧人，农民，1932 年在诸城会受洗）。1935 年，程文烈（小川莊人，农民，1934 年在保国山会受洗）继任书记。1937 年，刘光烈（石埠子人，医生，1936 年在石埠子受洗）继任书记。摘自任其斐、令约翰、侯述先：《山东瑞华浸信会 50 周年纪念集》，青岛瑞华浸信会出版社，1941 年，第 35-47 页。

条件下，由保国山村将基督教传入该村的可能性相对较小，那么基督教是如何传入该村的？根据该村信徒的受洗统计表，该村最早接受洗礼的是在诸城任教的任吉全，他于保国山教会立会的同年在诸城受洗。根据笔者对该村信徒任德善[70]的采访，该村信徒大多与任吉全存在血缘关系，所以可以推测该村的基督教信仰源于任吉全并由其在该村传播。该村共有 20 名受洗信徒，其中11 名女性在受洗登记时都更改了名字，所以已经无法查证女子在家族中的辈分。不过，9 名受洗男性信徒皆属于该家族的三代。根据任德善的回忆，他在1942 年受洗，跟随父亲任重生（1937 年受洗）信主，其父亲跟随其祖父任吉昌（任运斋）受洗，家族三辈都是基督徒。[71]任德善和其父亲分别在 1942 年和 1937 年受洗。同样，其他一些信徒也存在父子或者父女关系，由此可以大致推断该村的传播网络也建立于家族和血缘关系之上。

表 2-10：保国山村受洗信徒信息

姓　名	性　别	职　业	受洗年龄	受洗时间	受洗地点	备　注
潘送亭	男	农	42	1928	诸城	1934 年由诸城迁入
宿廷修	男	农	25	1928	诸城	1934 年由诸城迁入
宿廷相	男	农	35	1928	诸城	1934 年由诸城迁入
宿廷勋	男	农	33	1928	诸城	1934 年由诸城迁入
宿廷琛	男	农	31	1929	诸城	1934 年由诸城迁入
宿廷楷	男	农	19	1929	诸城	1934 年由诸城迁入
宿廷弼	男	农	37	1929	诸城	1934 年由诸城迁入
宿琦瑜	女	农	22	1933	诸城	1934 年由诸城迁入
宿琦艳	女	农	20	1933	诸城	1934 年由诸城迁入
宿淑珍	女	农	20	1933	诸城	1934 年由诸城迁入
潘钦然	男	农	25	1934	保国山	———
宿爱真	女	农	34	1934	保国山	———
潘守贞	女	农		1934	保国山	———
宿仁焕	男	农	57	1935	保国山	———
宿仁光	男	农	54	1935	保国山	———

---

70 任德善（1929-）：山东省安丘市任家旺村人，1942 年在保国山受洗，加入瑞华浸信会。

71 笔者采访笔记，2013 年 4 月 18 日，安丘市任家旺村，采访对象：任德善。

| 宿世仁 | 男 | 农 | 19 | 1941 | 保国山 | —— |
| 宿世礼 | 男 | 农 | 17 | 1941 | 保国山 | —— |

资料来源：《保国山浸信会名目册》，时间不详，H/D-5，诸城市档案馆藏

表 2-11：任家旺村受洗信徒信息

姓 名	性 别	职 业	受洗年龄	受洗时间	受洗地点	备 注
任吉全	男	教员	54	1934	诸城会	由诸城会转入
任吉法	男	农	39	1936	官庄	
任蒙恩	女	农	23	1936	官庄	
任得福	女	农	38	1936	官庄	1942 年去世
任吉弟	男	农	46	1937	保国山	1942 年出教
任吉永	男	农	39	1937	保国山	
任重生	男	农	35	1937	保国山	
任荣光	女	农	39	1937	保国山	
任永生	女	农	54	1937	保国山	
任灵真	女	农	50	1937	保国山	1942 年出教
任灵恩	女	农	62	1937	官庄	
任得恩	女	农	56	1937	官庄	
任鸿恩	女	农	39	1937	官庄	
任士才	男	农	18	1937	官庄	
任得纲	男	农	14	1937	保国山	
任木兰	女	农	15	1942	保国山	
任蒙召	女	农	18	1942	保国山	
任蒙福	女	农	20	1942	保国山	
任德隆	男	农	16	1942	保国山	
任德善	男	农	13	1942	保国山	

资料来源：《保国山浸信会名目册》，时间不详，H/D-5，诸城市档案馆藏。

在上文分析的两个村庄在瑞华浸信会时期皆受到传教士和中国同工的牧养，是教会传教工作的一部分。但是，随着传教士的离开和传道人的消失，两个村的信徒却呈现出截然不同的发展状态。据笔者的调查，保国山现在的信徒构成与瑞华浸信会当时的信徒网络不存在直接的关联，可以说是一个全新的教会网络。不过，任家旺现今的教会则由瑞华浸信会的老信徒在上世纪八十年

代恢复聚会，并延续和扩大了瑞华浸信会的信徒网络。可以说，当时本色化程度相近的两个教会在当代却呈现出全然不同的本土化面貌，所以建国前教会的本色化程度与当今三自爱国运动所完成的本色化程度并不存在必然的关联。也就是说，并非本色化的程度越高便越能够长期地维持信仰，本色化程度低便无法在中国社会扎根。总之，本色化仅仅是教会发展进程中的一种特性，是基督教与本土社会相适应的表现，却无法决定教会发展的程度和趋向。

四、结语

作为一个规模甚小的教会，瑞华浸信会诸城会的发展似乎并未跟上20世纪20年代开始高涨的本色化运动的步调。传教士努力学习中文并了解中国文化以更好地开展福音传播工作，而在传教士用当地方言和中国固有的文化符号进行宣教时便不自觉地推动了本色化的进程，但是因为传教士无法改变的"他者"身份成为了其与中国民众沟通和传播福音的最大障碍。为了更好地与当地民众交流，也为了适应不断扩大的传教工作的需要，中国同工开始在教会中发挥越来越重要的作用，他们在福音传播工作中拥有数量的绝对优势，又因为"自我"的身份与信众不存在沟通的隔膜。教会的本色化特性似乎在中国传道人的积极参与中越发得明显，但是由于该会规模尚小，仅有的传教士完全可以胜任教会的管理工作，所以自始至终本会都没有中国牧师的出现，所以教会的"自传"并未真正的实现。另外，教会的财政绝大部分由瑞典母会提供，信徒的捐赠极为有限，而财政支配权也完全在传教士的掌控之中，教会的财政问题由传教士会议讨论决定，而中国传教人并无参与之权。可以说传教士仍然是绝对的领导者和决策者，而中国同工仅仅是参与者而已，所以该会的"自养"更是无从谈起。当然，该会的中国同工自然不会处于完全被动的状态，任由教会按照传教士的意愿涉及教会本色化的发展路径，徐向道一家宣布退教并加入当时影响颇大的中国自立教会聚会处的举动便是中国传道人积极寻求教会本土化发展之路的尝试。至于该会的信徒，尽管人数极少，但是历经新中国数次运动之后，仍然有虔诚的信徒得以存留，他们或加入三自爱国运动的队伍或成立家庭教会，共同延续着瑞华浸信会的福音工作。此时期的教会呈现出比以往更多的本色化特性，正如梁家麟教授所讲到的，中国教会在中共时代在某种意义上实现了自身的"本色化"。[72]

---

72 梁家麟：《改革开放以来的中国农村教会》，香港：建道神学院，1999年。

图 2-1：任家旺村礼拜堂内景（摄于 2013 年）

第三章　瑞华中学与地方政治

　　作为一个宗教组织，瑞华浸信会无时无刻不与当地社会发生着各种各样的牵扯和关联。在这一过程中，当地社会对其教会本身和所涉及的事业秉持何种态度，而瑞华浸信会又该如何回应来自当地社会各方面的冲击，本章试以该会所创办的瑞华中学与当地政权的互动对此问题进行论述。学界有关近代基督教教育与近代政治之间关系的研究多集中在特殊时段，如非基督教运动时期，其中研究对象的选择也多为教会大学。[1]近代中国政治对教会学校尤其是教会中学的影响究竟有多深，两者之间究竟呈现出怎样的关系，必须选取典型个案深入分析。应当指出的是教会学校与国家政治的关系涉及到多个层面，比如理念层面、体制层面、具体的政策层面，其中有些是牵扯民族主义和国家认同的所谓大政治问题，有些则是各种具体的教育措施的政策性问题。在大政治问题上，教会学校的立案进程展现得最为清晰和突出。学界通常认为，虽然立案问题是学校与国家政治的关联中最为密切的表现，但立案实际只具有主权象征意义。教会学校在立案后仍然具有非常大的自主性和独立性，基本上仍是一个独立的系统。换句话说，立案之后教会学校只是在形式上纳入了政府管理的私立学校体制。但是，事实果真如此吗？在此，笔者希望借助山东瑞华中学的个案研究，探讨在要求教会学校立案之外，南京国

1　相关研究：Alice H. Gregg, *China and Educational Autonomy, the Changing Role of the Protestant Educational Missionary in China 1807-1927*, Syracuse University Press, 1946. J. G. Lutz, *China and the Christian College 1850-1950*, Cornell University Press, 1971. 杨天宏：《基督教与民国知识分子——1922 年-1927 年中国非基督教运动研究》，北京：人民出版社，2005 年；胡卫清：《普遍主义的挑战：近代中国基督教教育研究（1877-1927）》，上海人民出版社，2000 年。

民政府对教会学校的控制还表现在哪些方面？这种控制究竟达到了怎样的境地？教会学校又会做出怎样的因应？

一、缘起背景

瑞华浸信会所办的学校都以"瑞华"命名，称瑞华小学或瑞华中学，而本文所提到的瑞华中小学都特指该会在胶县创办的学校。瑞华中学是瑞华浸信会在山东创办的唯一一所教会中学。1900-1929 年是瑞华中学发展的第一个阶段。在这一阶段，瑞华中学在瑞华小学的基础上得以成立，其所有权和管理权都归瑞华浸信会所有。这一时期的瑞华中学分为瑞华男子中学和瑞华女子中学。瑞华男子中学起源于任桂香于 1900 年在胶州西关大井街创办的瑞华男子小学，当时共有学生 5 人。1910 年，该校附设初中班，校址迁至寺门首街，校长为李安德（Ando Leander）。一战期间，学校被迫关闭。1915 年，学校复课，由任桂香继续任校长。1917 年，任氏夫妇的大儿子任汝霖（Egron Rinell）从瑞典神学院毕业回到胶县继任瑞华男子中学校长。瑞华女子中学的历史源于令约翰夫人安娜于 1903 年在胶州南关墨河桥创办的瑞华女子小学，当时共有学生 4 人。1904 年，令约翰夫妇转到诸城传教，该校迁至胶州西关大井街，校长任桂香。1909 年，瑞华女子小学附设初中班。1923 年，该校于胶州小校场新建了一座两层的教学楼，一楼为女生宿舍和餐厅，二楼是教室。

1929-1937 年，是瑞华中学发展的第二个阶段。在这一阶段，瑞华中学接受了南京国民政府的立案，并受到政府的严密监管，直至 1938 年 1 月日本侵占胶县。1929 年，瑞华浸信会为了达到国民政府的立案要求，将瑞华女子中学学生迁入男校，合并为瑞华中学，并任命王华亭（原名王逢荣）担任校长。原瑞华女子中学校舍转给瑞华小学。1932 年，政府批准瑞华中学立案，称胶县私立瑞华初级中学。

1938-1945 年，是瑞华中学发展的第三个阶段。在这一阶段，由于日本侵华和其法西斯立场，西方在华传教差会遭受了严重的创伤。但是，由于瑞典在二战中的中立国身份，瑞华浸信会得以在山东继续开展传教工作。瑞华中学也在瑞华浸信会的庇护下以圣经学院的名义继续办学。1938 年 1 月，日军侵入胶城[2]之后，瑞华中学随之关闭。瑞华浸信会利用瑞华中学的校舍开办了一所圣经学院。1939 年，校长王华亭以开办补习班为名私下召集学生复课。

---

2 胶城为胶县县城，下同。

学校复课后，将原来的教室做出调整使得瑞华中学与瑞华圣经学院毗邻而立。两个学校使用共同的老师，但对外统一称为瑞华圣经学院。

1945-1947 年，是瑞华中学发展的最后阶段。在这一阶段，国共在胶城展开了拉锯战，并分别数次控制胶城。虽然瑞华中学努力维持正常的教学秩序，但因战火和统治势力的不断更迭，最终在青岛结束了 47 年的发展历程。1945年，日本撤离胶城之后，瑞华中学重新向南京国民政府登记立案。1947 年春天，中共占领胶城之后，瑞华中学大部分师生前往青岛。为了让学生继续学业，任汝霖与德国同善会协商借用青岛武定路 27 号同善会礼拜堂底楼为教室继续办学。学校一直维持到 7 月份，送走了第 33 届毕业生。[3]8 月，国民政府占领胶城后，瑞华中学师生纷纷返乡。1947 年 9 月 13 日，《青岛时报》刊载了瑞华中学将于 9 月下旬重新在胶县开课的通知。[4]但是终因时局动荡而未果。

二、立案与管控[5]

在南京国民政府要求立案之前，瑞华中学受到近代政治的冲击主要表现在战乱造成学校的暂时关闭，与统治当局并无直接接触。直至国民政府要求教会学校立案，这种局面才被完全打破。然而，国民政府对瑞华中学的管制却因日本侵华被打断。日本投降后，国民政府虽然要求所有学校重新立案，但是却因战乱最终无法实现。可见，国民政府对瑞华中学的管制主要集中于瑞华中学发展的第二个阶段，即从 1929 年学校立案开始到 1938 年日本侵占胶县为止，而本文亦选取此阶段对南京国民政府立案与瑞华中学的处境加以论述。

教会学校的立案问题早在北京政府时期就已被提出，但由于时局动荡和政府实际控制能力有限，教会学校的立案未曾真正地贯彻实行。随着南京国民政府的建立和巩固，教会学校的立案重新被提上日程。借鉴广州国民政府

3　（瑞）任雪竹：《胶州瑞华中学的故事》，邱芷译，殷颖：《我的镂金岁月》，济南：齐鲁电子音像出版社，2010 年，第 211 页。

4　本报讯：《胶县中学今日还乡，爱德男女二中亦将迁回，瑞华初中返里准备开课》，《青岛时报》，1947 年 9 月 13 日，第 3 版。

5　相关研究：Alice H. Gregg, *China and Educational Autonomy, the Changing Role of the Protestant Educational Missionary in China 1807-1927*, Syracuse University Press, 1946, pp. 48-55, pp. 77-99. 胡卫清：《普遍主义的挑战：近代中国基督教教育研究（1877-1927）》，上海人民出版社，2000 年，第 342-370 页；龙伟、吴丽君：《立案前后：华西地区基督教会中学研究》，尹文涓编：《基督教与近代中等教育》，上海人民出版社，2007 年；杨大春：《南京国民政府对教会学校政策论述》，《苏州大学学报》（哲学社会科学版），1999 年 2 期。

于 1926 年颁布的《私立学校规程》[6]，南京国民政府大学院于 1928 年颁布了
《私立学校条例》[7]，随后南京国民政府教育部于 1929 年 2 月颁布了《私立
学校规程草案》[8]，8 月 29 日正式发表了《私立学校规程》[9]。面对国民政府
立案的条例，瑞华浸信会迅速做出反应。1928 年南京国民政府颁布《私立学
校条例》时，胶县会的瑞华中学已经开始为立案的事情而担忧，学校的中国
教员极力要求立案，否则便要举行罢工。[10]诸城会在 1929 年 1 月 2 日的会议
中也对学校立案一事进行了商讨，决定依照立案条例实行新学制和学费等。
[11]到此为止，事情似乎朝着主张立案的方向发展。但是，4 月份瑞华浸信会收
到政府的训令，要求在 7 月 1 号之前必须立案，否则即行关闭。[12]并且，胶县
地方政府继续对学校立案进行施压。4 月 27 号，县长将该县各所教会学校的
校长召集到衙门集体进行参拜孙中山像的活动，并督促学校立案。[13]之后，山
东省教育厅训令第 1017 号文件再次将立案时间提前，要求各县教会学校须于
1929 年 6 月 30 日以前呈请立案，否则即遵照条例取缔。[14]

就在政府督促学校立案的同时，该会内部反对立案的声音却越来越强，
大多对取缔宗教教育和参拜孙中山像等政策表示担忧。[15]在强烈的反对声中，
总部决定接受反对派的意见决定不对国民政府立案。不过，争论并未因此停
止。5 月份的传教士大会上，支持派与反对派再次因为立案一事发生争执，以
任其斐家族为代表的一派主张立案，以主管高密传教的李安德（Ando Leander）
为代表的一派则极力反对立案，双方各持己见，争执不休，并再次上报瑞典
总部，希望总部慎重考虑。[16]结果是，总部仍旧反对向国民政府立案。接到总

6 《大学院公报》，第一年第一期，1928 年 1 月，朱有瓛、高时良主编：《中国近代
  学制史料》（第四辑），上海：华东师范大学出版社，1993 年，第 785 页。
7 《大学院公报》，第一年第三期，1928 年 3 月，朱有瓛、高时良主编：《中国近代
  学制史料》（第四辑），上海：华东师范大学出版社，1993 年，第 786 页。
8 《私立学校规程草案全文》，《中华基督教教育季刊》，第 5 卷第 1 期，第 93-96 页。
9 《私立学校规程》，《中华基督教教育季刊》，第 5 卷第 3 期，第 83-87 页。
10 Letter from Doris Strutz to her parents, Dec 23 1928.
11 《诸城浸礼会记录》，C4-143，1929 年 1 月 2 日，诸城档案馆藏。
12 Letter from Strutz Eric to Doris' parents, April 22 1929.
13 Letter from Doris Strutz to her parents, April 28 1929.
14 胶县教育局：《关于限期呈报立案的函》，1929 年 7 月 17 日，049-001-0023-0005，
   潍坊档案馆藏。
15 Letter from Doris to her parents, April 12 1929. Letter from Eric to Doris parents, April
   22 1929. Letter from Doris to her parents, April 28 1929.
16 Letter from Doris Strutz to her parents, May 18 1929.

部的命令之后，各会迅速做出反应，诸城在 5 月 27 日的议事会中记载，"中央政府要施行收回教育权，命瑞华学校立案，但母会绝不承认此项。本会只好在六月三十号完全停止教授。后议定致信胶县教育股长，请将教育基本金提出一份存于本会司库，日后为办真光小学之公款。"[17]可见，诸城会已经完全改变了学校立案的立场，决定放弃立案并为之后筹建神学校做准备。但是，拥有瑞华中学的胶县会并不愿意放弃学校立案，尽管总会明确表示反对立案，但是任氏家族依旧在积极奔走，希望可以出现转机。

　　立案条例草案于 2 月刚刚公布，山东省教育厅就命令全省各县教会学校于 6 月 30 日以前全部呈请立案。对于这显然过于匆忙的政策变故，教会学校即便有心立案，恐怕也力所不及。更何况，日本于 1928 年 5 月侵占济南等地，直至 1929 年 5 月才撤军归国。在此等战乱环境中，国民党山东省政府督促学校立案也是极困难的。所以，山东省教会学校要在 6 月 30 日之前立案最终成为不可能完成的任务。1929 年 7 月 17 日，胶县教育局转饬山东省教育厅训令，将立案期限延长至 1929 年 7 月 31 日，要求各教会学校必须在此之前呈报立案，否则实行取缔，且绝不再宽限。[18]可以说，当时社会的混乱和国民政府缺少政策贯彻的保障，最终为瑞华中学赢得了 1 个月的时间。

　　任氏家族积极筹集资金，希望可以扩充学校实力以达到立案要求，并努力与瑞典总部交涉，希望总部可以改变主张。[19]最终，瑞典总部做出让步，同意瑞华中学立案，但每年只提供 1000 克朗（瑞典货币单位）的资助。另外，不再对该会所有的瑞华小学提供援助。[20]至此，立案派最终在教会内部获得了胜利，并积极投入立案之中。但是，瑞华中学仍旧未能在 7 月 31 日之前完成立案。胶县教育局直到 9 月 5 日才收到瑞华中学呈请立案的文件，并准予转呈山东省教育厅。[21]1930 年 1 月 25 日，胶县教育局转饬山东省教育厅训令，

17　《诸城浸礼会记录》，C4-143，1929 年 5 月 27 日，诸城档案馆藏。

18　胶县教育局：《关于限期呈报立案的函》，1929 年 7 月 17 日，049-001-0023-0005，潍坊档案馆藏。

19　Letter from Doris Strutz to her parents, July 14 1929.

20　Letter from Doris Strutz to her parents, August 5 1929. Letter from Eric Strutz to Doris parents, Oct 8 1929. H. J. Danielson & K. A. Modén Etc, *Femtio år i Kina, Stockholm B.-M: s Bokförlags A.-B.*, 1941, p. 39.

21　胶县教育局：《关于呈报表册准予转呈》，1929 年 9 月，049-001-0001-0002，潍坊档案馆藏。

因为瑞华中学既往太过于注重宗教仪式，故不予立案[22]，并限瑞华中学在十五日之内重新呈请立案。[23]

瑞华中学的首次立案未获通过再次激起了瑞华浸信会内部各派对于是否继续立案的争论。诸城代表令约翰、高密代表李安德等来到胶州与任其斐为代表的胶州派举行会议，经过激烈的争论之后，仍旧未能达成一致，并决定再次呈交瑞典总部。这次，瑞典总部再次将天平倾向于立案，并将每年的经费补助提高到 2000 克朗，但前提条件是学校必须贯彻基督教的精神，否则总部可以随时决定撤销经费补助。[24]所以，瑞华中学得以在此立案之路上继续前进。但是，这次立案却被 1930 年 4 月爆发的"中原大战"所打破。1930 年 6 月，战事波及山东后，山东省政府由济南东迁青岛，在青岛设立临时办事处。教会学校立案一事也随之搁置。时任山东省教育厅厅长的何思源在 1931 年的山东省政府教育厅工作报告中感叹，"全省各地教育，重入破坏之域，两年来努力经营之镃基，一朝中斩。"[25]鉴于众多学校因为战事未完成立案，山东省教育厅于 1931 年 9 月，再将立案期限延迟至 1932 年 1 月 31 日，并要求各县教育局督促未立案学校务必在此之前立案，否则勒令学校关闭。[26]

此时，距离国民政府颁布立案条例已有两年多的时间，虽然政府一再延后立案期限，但是瑞华中学的立案进程却未有起色。为了不致学校关闭，瑞华中学更加主动地呈请立案。同时，山东省教育厅和胶县教育局亦派视察员对该校进行调查。潍坊档案馆共保留了山东省教育厅视察员分别于 1931 年 11 月 5 日[27]、1932 年 6 月 3 日[28]和 1932 年 11 月 2 日[29]提交的瑞华中学调查表，

22　瑞华中学：《关于立案未准的函》，1930 年 1 月 25 日，049-001-0002-0002，潍坊档案馆藏。

23　瑞华中学：《关于函知限 15 日内呈报立案》，1930 年 1 月 25 日，049-001-0002-0003，潍坊档案馆藏。

24　Letter from Doris to her parents, Feb 1930.

25　山东省政府教育厅：《山东省政府教育厅第二次工作报告（自民国十八年十月至二十年六月）》，第 1 页。

26　胶县教育局：《本厅参酌本省实际情况拟定私立学校立案》，1931 年 9 月 18 日，049-001-0003-0024，潍坊档案馆藏。

27　山东省政府教育厅：《瑞华中学调查表》，1931 年 11 月 5 日，049-001-0005-0004，潍坊档案馆藏。

28　山东省政府教育厅：《山东省私立瑞华初级中学调查表》，1932 年 6 月 3 日，049-001-0005-0002，潍坊档案馆藏。

29　山东省政府教育厅：《瑞华中学调查表》，1932 年 11 月 2 日，049-001-0005-0001，潍坊档案馆藏。

以及胶县教育局教育委员于 1932 年 4 月 29 日[30]和 1932 年 11 月 10[31]日提交的瑞华中学调查表。这些调查表对瑞华中学的组织系统、经费概况、教职员工、学生、教学概况、训育概况、党义教育、军事教育、课外活动、校舍、教学设备、学校卫生等方面进行了详细记载。

山东省教育厅视察员徐永丰对胶县教育视察之后，在 1932 年 11 月上呈山东省政府教育厅的报告中，对瑞华中学大加赞扬，称"瑞华中学办理较善，宗教色彩较他校为逊，校长能力殊佳，教学尤有经验。"[32]瑞华中学 1929 年上呈的立案申请因为"太过注重宗教仪式"而未获批准，但是徐永丰 1932 年的报告中却赞扬瑞华中学"宗教色彩较他校为逊"。徐永丰怎会有如此评价？其实，当时胶县共有三所教会学校，即瑞华中学、爱德女子小学和信义小学。其中爱德女子小学属于德国天主教会所有，信义小学属于美国信义会所有。徐永丰对三所教会学校都做了评价，他认为爱德女子小学带有"浓厚之宗教色彩"，信义小学的教员多为该会教友。[33]可见，徐永丰对瑞华中学的评价只是相对于胶县其它两所教会学校而言。尽管如此，在视察员看来，瑞华中学已从"太过注重宗教仪式"转变为"宗教色彩较他校为逊"。且不论瑞华中学"宗教色彩"事实上是否大为改观，至少瑞华中学师生努力为视察员营造了此种印象。这也足以说明瑞华中学在争取学校立案问题上的诚意。徐永丰对该校宗教色彩弱化的赞许和教学能力的肯定可能是瑞华中学呈请立案成功的一个重要因素。1932 年 12 月 1 日，胶县教育局转饬山东省教育厅训令，准予瑞华中学校董会及学校立案。[34]至此，胶县私立瑞华初级中学终于完成了近 4 年之久的立案之路。

那么，国民政府对立案之后的教会学校的控制力究竟达到何种境地？是否教会学校立案只具有主权象征意义，学校仍然具有极大的自主性？事实

---

30 胶县教育局：《瑞华初级中学调查表》，1932 年 4 月 29 日，049-001-0005-0003（1），潍坊档案馆藏。

31 胶县教育局：《瑞华初级中学调查表》，1932 年 11 月 10 日，049-001-0005-0003（2），潍坊档案馆藏。

32 胶县教育局：《视察情况及视察报告》，1932 年 11 月 28 日，049-001-0004-0027，潍坊档案馆藏。

33 胶县教育局：《视察情况及视察报告》，1932 年 11 月 28 日，049-001-0004-0027，潍坊档案馆藏。

34 胶县教育局：《转饬瑞华初级中学立案表册等》，1932 年 12 月 1 日，049-001-0004-0028，潍坊档案馆藏。

上，从瑞华中学的情况来看，立案只是政府对教会学校控制的开始，而非结束。立案之后教会学校的自主性是非常有限的。瑞华中学自从申请立案之日起，学校的一切教学活动都在政府的严密监控之下。瑞华中学的学生从入学到毕业都必须经过山东省教育厅核准备案，留级生、插班生、补考生、退学生也要备案。学生在校期间每年度的成绩也必须呈报备案。1932年，山东省开始实行会考制度，在校学生只有通过了全省组织的会考才能顺利毕业，并由省教育厅颁发毕业证书。会考制度结束了教会学校自行颁发毕业证书的历史，是将教会学校纳入国家教育体系的重要一步。那么，立案学校呈报的学生履历表和会考表册会不会只是表面文章，例行公事？答案是否定的。1935年3月5日，胶县政府转饬省教育厅训令称该校二十级毕业生履历表与会考规程第七条之规定不合，故不能备案，要求学校另行填报。[35]瑞华中学只得重新填报并审核备案。[36]可以看出，政府通过对立案学校学生成绩和升学的严格控制，不但保证了私立学校的教学水平和毕业生的质量，更是对私立学校控制的有效手段。

国民政府在课程设置方面，针对立案的教会学校做了如下规定："私立学校如系宗教团体所设立，不得以宗教科目为必修课，亦不得在课内作宗教宣传，学校内如有宗教仪式，不得强迫或劝诱学生参加。在小学不得举行宗教仪式。"[37]也就是说，立案之后的瑞华中学不得再以宗教科目为必修课。同时，课程标准规定高初中一律取消选修课[38]，这也就堵死了瑞华中学将宗教课程作为选修课的可能。作为一所教会学校，瑞华中学必须执行瑞典差会的教育方针，还要根据本土教会的实际要求进行办学。瑞华浸信会一直秉承建立本色化教会的观念，所以对于教会学校的立案给予了配合和支持。但是政府要求放弃宗教教育的规定与瑞华中学的学校规程和教学体系必然存在一定的冲突。面对差会的教育方针与政府教育政令之间的落差和矛盾，瑞华中学的"教会中学"和"私立中学"的双重身份使其陷入两难的尴尬境地。尽管如此，瑞华中学依然积极因应，努力为自身赢取更大的生存空间。

35 胶县政府：《胶县县政府训令》，1935年，049-001-0011-0012，潍坊档案馆藏。
36 胶县政府：《胶县县政府训令》，1935年，049-001-0011-0019，潍坊档案馆藏。
37 《私立学校规程》，《中华基督教教育季刊》，第5卷第3期，第83-87页。
38 胶县政府：《转中等学校教学课程的令》，1933年3月，049-001-0006-0001，潍坊档案馆藏。

其实，早在对瑞华中学是否立案的争论期间，部分传教士便开始担忧立案之后的瑞华中学能否保持基督教精神的问题。其一，如果教会小学全部关闭，瑞华中学基督徒学生的生源便无法保证，那么瑞华中学贯彻基督教的精神便更加困难。[39]其二，差会每年给学校投资 2000 克朗，但是却只能保证学校每周 4 节 45 分钟的宗教课，而收到的效果却不得而知。如果差会把这些用于其他地方，效果可能会更好。[40]尽管教会内部存在着种种的担忧和质疑，但是立案后的瑞华中学却在各方的配合下努力维系着基督教的信仰。

首先，关于基督徒学生的生源问题。尽管在立案政策的压力之下，瑞华浸信会决定关闭所有的教会小学，但是胶县政府对此却相对宽容。[41]所以，瑞华中学保留了两所未立案的教会小学[42]，并将小学搬进了原先的瑞华女子中学，而女中与瑞华男子中学合并。这样，胶县瑞华小学作为瑞华中学的附属学校继续存在。

其次，关于学生宗教教育的问题。笔者在学校的相关调查表格中虽然未发现瑞华中学设有宗教课程的记载，但这并不意味着该校完全放弃了宗教教育。第一，学校中依然保持着一定的教员和学生基督徒的比例。在瑞华中学立案期间和立案之后，任汝霖和任桂香等人继续在该校任职，而中国教员中王华亭、冯赞庭等人亦是虔诚的基督徒，他们的宗教背景必然会在他们的课程中自然而然地掺杂宗教元素。第二，用教员的基督徒品格感染学生。在笔者访谈瑞华中学校友的时候，他们经常提到教员的基督徒品格对于他们信仰基督的影响，并可以清晰地回忆起在传教士家中聚餐的情景。第三，在学校营造基督教的氛围。其实，瑞华浸信会于 1913 年在胶州建造了一所教堂，在当时成为胶州的一座标志性建筑，而教堂与瑞华中学毗邻，教堂每天有早祷和晚祷，每周五晚上有读经班。因为受到政府当局的监管，学校应该不会强迫学生参加这些宗教活动，但是这样的宗教氛围必然会对学生产生影响。第四，通过各种团契活动培养学生的基督徒品格。瑞华中学成立了浸信会灵光少年团、基督教青年会、女青年会等团契组织，并积极实践着基督教的精神。可见，瑞华中学为了实现学校的立案，虽接受了国民政府取消宗教课程的规定。但是，就其实际教学来

39　Letter from Doris to her parents, August 5 1929.

40　Letter from Eric to Doris parents, Oct 8 1929.

41　H. J. Danielson & K. A. Modén Etc, *Femtio år i Kina, Stockholm B.-M: s Bokförlags A.-B.*, 1941, p. 39.

42　Letter from Doris to her parents, Aug 25 1929.

看，这种接受又是相对的。由瑞华浸信会创办并提供经济支撑的瑞华中学，不可能完全放弃基督教化的教育宗旨，向国民政府的妥协只是为了更好地融入当时中国政治和社会的处境之中，从而继续差会的宗教事业。

国民政府对教会学校的控制不仅表现在对学校教学事务的干预，更表现在对学校教职员的管理。1929 年 8 月 29 日，国民政府颁布的《私立学校规程》中规定外国人所办私立学校的校长应由中国人担任。[43]1930 年，该校任职教员王华亭取代瑞籍传教士任汝霖当选为瑞华中学新一任校长。依照教育部训令，市县私立学校校长任职必须由市县党部和市县政府派员监督宣誓。[44]所以，瑞华中学王华亭校长的就职仪式自然也不会例外。虽然，这只是一种象征性的仪式，但是却预示着校长的任职得到了党部和政府的认可与支持。对于瑞华中学而言，这既是对原先瑞籍校长的威慑，也是对新任校长王华亭的勉励。1933 年，王华亭决定赴山西凤阳的一所教会学校任教以积累更多的工作经验。临行前，王华亭选中该校教员董秀夫担任代理校长，并呈请胶县政府备案。1933 年 7 月 29 日，胶县政府将其转呈省教育厅。[45]1933 年 9 月 2 日，胶县政府转饬省教育厅准予备案的文件。[46]1934 年 11 月，王华亭服务一年回校重新担任校长，再次呈请教育厅备案。[47]从省教育厅对该校代理校长事件的关注，我们不难看出政府对私立学校校长人选的重视。更为甚者，省教育厅要求各级学校按月填送《省市县私立中学以上各校校长一览表》，如此的检查频率足可以证明政府对私立学校校长掌控的强度。

除了对校长的关注，国民政府对私立学校的教员亦有严格的审查程序。1934 年 5 月，教育部公布《中学及师范学校教员检定暂行规程》，对学校教员的资格审查进行了严格规定。[48]1935 年 6 月 5 日，胶县政府向瑞华中学转饬了

---

43 《私立学校规程》，《中华基督教教育季刊》，第 5 卷第 3 期，第 83-87 页。

44 胶县教育局:《关于各学校校长就职时应举行宣誓仪式的函》，1930 年 9 月 18 日，049-001-0002-0009，潍坊档案馆藏。

45 胶县政府:《呈报校长王逢荣请选任董秀夫代理》，1933 年 9 月，049-001-0006-0061，潍坊档案馆藏。

46 胶县政府:《为代理校长董秀天履历备案》，1933 年 9 月，049-001-0006-0050，潍坊档案馆藏。

47 胶县政府:《为转王逢荣回校备案》，1934 年 5 月，049-001-0009-0045，潍坊档案馆藏。

48 胶县私立瑞华初级中学:《中学及师范学校教员检定暂行规程》，1934 年 5 月，049-001-0010-0001，潍坊档案馆藏。

山东省教育厅关于填报《全省公私立中等以上学校教职员履历表》的训令。其中，省教育厅要求对学校的外籍教职员进行单独登记。[49]政府对外籍教员的在华经历、当时所任职务、薪金、对学校的工作合同等信息做了整理。[50]通过这些审查和登记程序，政府既对私立学校教职员的情况有所掌控，同时也保障了教职员的素质。但是，政府却忽视了重要的一点，那就是对于同属私立学校的教会学校而言，教职员的宗教信仰问题对学校教学同样会产生不可忽视的影响。以瑞华中学校长王华亭为例。1912-1915 年，王华亭在瑞华中学读书，毕业后受洗加入瑞华浸信会，之后被瑞华浸信会推荐进入齐鲁大学读书，1925 年毕业后回瑞华中学任教。如果说政府选派中国人担任校长是为了从外国教会手中收回教育权，那么王华亭信徒的身份便使其大打折扣。1943 年 10 月，王华亭以瑞华中学校长的身份参加了第 23 届山东瑞华浸信会年议会并作了《瑞华教会教育前途观》的报告。[51]可见，瑞华中学在国民政府立案之后依然对瑞华浸信会负责。而且，瑞华浸信会依然操控着瑞华中学的经济大权，王华亭在行使校长职权时必然受到差会的制约。另外，瑞华中学教员有些是瑞华中学的毕业生，他们自学生时代就受到学校宗教教育的影响，或许他们没有加入教会，但是对教会有着一定的好感，加上瑞华中学教员的薪金大部分由瑞华浸信会提供，他们对于瑞华浸信会的责任感应该比只是发布行政命令的国民政府更加强烈。

　　身为瑞华浸信会信徒的王华亭被国民政府任命为瑞华中学的校长，可见国民政府在任命立案的私立学校校长时，并未排斥存在宗教背景的教会人员，从而为瑞华中学保有基督化的教育提供了一种可能。王华亭从学生时代开始便受洗加入瑞华浸信会，从求学到就业，始终都在瑞华浸信会的帮助和扶持之下完成，甚至于 1948 年受邀到瑞典参加瑞典浸信会成立 100 周年大会，而且在瑞典游历达一年之久。据殷颖回忆，王华亭曾亲自教授他们宗教课程，而且"在奋兴聚会期间，王校长会走访每一间学生寝室，跪在地上流泪为学生祷告，希望学生们能接受基督为救主。"[52]可见，身为瑞华中学校长的王华

49　山东省教育厅：《关于发省聘有外籍教职工之中等学校按外国知识工人调查表填报的通知》，1936 年 1 月 10 日，049-001-0017-0004，潍坊档案馆藏。

50　山东省教育厅：《关于为填报机关聘用外籍人员表格的训令》，1937 年 4 月，049-001-0020-0012，潍坊档案馆藏。

51　《山东瑞华浸信教会第二十三届年议会报告书》，高密：山东瑞华浸信教会第二十三届年议会，1943 年 10 月 28 日-31 日。

52　殷颖：《我的镀金岁月》，济南：齐鲁电子音像出版社，2010 年，第 86-88 页。

亭非但不排斥基督化教育，反而积极推行。所以即使国民政府明令禁止不准推行宗教教育，瑞华中学还是存有实施宗教教育的空间。

图 3-1：与胶县教堂毗邻的瑞华中学外景

（Alice Rinell Hermansson 提供）

三、从头脑到身体

面对教会学校经济上独立的状态和学校师生对差会的靠拢，国民政府从未放弃对教会学校控制的努力。因为对于国民政府而言，教会学校不仅是需要政府插手加以改造的机关单位，又是培养青年学生的教育基地。因此，国民政府不仅要对教会学校的教学事务和行政事务严加管制，更需要通过教会学校对学生实施控制。在当时纷繁复杂的政治环境中，在校学生被国民政府视为最躁动不安、最容易被煽惑的群体。国民政府对学生控制的目的不仅要避免学生成为社会骚乱的参与者，更希望学生在思想上依从于国民政府，为国家的统治事业服务。因此，国民政府通过党义教育和童子军教育对学生进行从头脑到身体的全面控制。

党义教育[53]是南京国民政府对在校学生进行思想控制的重要手段，主要

---

53 党义教育的相关研究：胡卫清：《普遍主义的挑战：近代中国基督教教育研究（1877-1927）》，上海人民出版社，2000 年，第 429-440 页；袁征、叶普照：《从教育独立到党化教育：蔡元培教育思想的重要变化》，《深圳大学学报》（人文社会

向学生灌输三民主义，以塑造学生爱党爱国的思想。除了必须实施的党义课程之外，对国民党重要人物和事件的纪念也是党义教育的重要组成部分，其中总理纪念周[54]在学校的推行就是国民政府对学生进行思想和身体控制的重要方式。1926 年 1 月 16 日，国民党二大将每周一举行总理纪念周写入了《中国国民党总章》，要求国民政府所属各机关、各军队切实执行，后来逐步扩大到全体国民，学校自然也不例外。其实，总理纪念周对学生造成的深刻影响不仅在于每周一次的时间记忆，更在于它仪式性的动作重复对学生形成的身体记忆。《总理纪念周条例》[55]对纪念周仪式进行了详细规定：

（1）全体肃立；（2）唱党歌；（3）向孙中山像"行三鞠躬礼"；（4）"主席恭读总理遗嘱，全体同志循声宣读"；（5）向孙中山像"默念三分钟"；（6）"政治报告或谈话"

从中可见，总理纪念周的前五项仪式是固定不变的，也就是说学生每周一都会重复这样的动作。试想，一个学生从小学到初中每周都重复这样的动作，那么在学校生活的九年时间里便要重复完成几千次之多。再加上总理纪念日和其它的总理纪念性活动，这种动作的发生次数就会更多。这种时间和身体动作的持续重复必定会使学生对总理遗嘱和三民主义教育形成深刻的思想和身体记忆，从而达到对学生进行党义教育的目的。在学校推行的总理纪念周活动对于中国所办的公私立学校来说是一种党化教育和爱国教育，但是对于教会学校而言，对一党领袖的崇拜却与他们的宗教理念相悖。对于基督信徒而言，耶稣基督才是他们的唯一信仰，每周的教堂礼拜才是他们必须完成的活动。总理纪念周活动是否会使教会学校的信徒学生产生思想的矛盾和变化，是否会对差会的福音工作产生影响，这些都是教会学校和差会所担心的。在推行总理纪念周方面，瑞华中学自然也不会例外，当然也会对总理纪念周对差会和学校工作产生的影响表示担忧，甚至产生反感和抵触情绪。任其斐曾直言不讳地指出教会内部部分传教士的担忧，[56]而该会的司大卫牧师

科学版），2003 年第 6 期；熊秋良：《从政治动员的角度看国民党改组后的"党化教育"》，《江苏社会科学》，2004 年第 6 期。

54　总理纪念周的相关研究：李恭忠：《"总理纪念周"与民国政治文化》，《福建论坛》（人文社会科学版），2006 年第 1 期；陈蕴茜：《时间维度中的"总理纪念周"》，《开放时代》，2005 年第 4 期。

55　张宪文等主编：《中华民国史大辞典》，南京：江苏古籍出版社，2001 年，第 1423 页。

56　H. J. Danielson & K. A. Modén Etc, *Femtio år i Kina*, Stockholm B.-M: s Bokförlags A.-B., 1941, p. 39.

在家书中也表达了这种担忧，"我们的学校就要关闭了，你们绝对无法想象我们学校的老师每周要在孙中山的画像前进行祷告，这样基督教的信仰肯定会受到破坏。"[57]而且在该校任教的司师娘也表示，"如果立案代表着不再上宗教课，这个我可以接受，但是如果立案意味着要举行各种政治会议的话，那么我是绝对不会接受的。"[58]

在当时的历史条件下，国民党和中共的关系正处于白热化阶段，双方都希望争取学生的支持以壮大自身的力量。因此，遏制中共势力和左翼思想在学生群体中的蔓延并将学生培养为国民政府的追随者，成为国民政府党义教育的重中之重。为了压制中共的社会影响，国民政府严厉查禁中共和左翼刊物，政府频繁向各机关公布查禁的刊物名单，甚至制定了《每周取缔刊物一览表》[59]。从政府每周一次的公布频率亦可见政府对中共刊物查禁的力度。瑞华中学作为机关单位亦接收到查禁刊物的文件并被要求切实执行。除了通过查禁刊物控制中共对学生思想的影响，国民政府更通过行政手段对学生可能与中共相关的行为实施监控。1930 年，胶县政府曾下令要求瑞华中学校长对学生往来信件加以检查以防止反动分子煽惑青年。[60]因为意识到教职员向中共倾斜的可能性和对学生造成的影响，政府监控的对象随之扩大到教职员。1931 年，胶县政府根据省教育厅训令再次下令瑞华中学对校内教职员及学生的往来信件切实检查，并对来宾格外注意，以免"共党滋生"。[61]1933 年 3 月 15 日，胶县政府转饬省教育厅《教育人员防止共党活动办法》，要求校长和训育主任对于学校教职员和学生的言论思想行动严密注意。[62]当然，以上措施仅仅是防御手段，但对于确实参加行动的学生，政府也会要求学校采取必要的惩罚措施。1932 年 12 月 10 日，胶县政府转发省教育厅训令，要求各校对参加运动且屡教不改的学生予以开除，并且除名学生一律不准发给转学证

---

57 Letter from Eric Strutz to Doris´ parents from Qingdao, July 2 1927.

58 Letter from Doris Strutz to her parents, June 23 1929.

59 胶县政府：《发取缔禁刊一览表》，1936 年 11 月，049-001-0014-0072，潍坊档案馆藏。

60 胶县政府：《关于防范反动份子煽惑学生的函》，1930 年，049-001-0002-0006，潍坊档案馆藏。

61 胶县政府：《本省胶东一带、谣言繁兴，共党潜滋，亟应严加防范，以遏乱萌》，1931 年 9 月 12 日，049-001-0003-0023，潍坊档案馆藏。

62 胶县政府：《转发教育人员防共产党活动办法》，1933 年 3 月，049-001-0006-0002，潍坊档案馆藏。

明书，以免学生有恃无恐，转学后继续"扰乱学校秩序，影响社会安宁"[63]。

　　事实上，党义教育在学校中的实现主要是由各校的训育主任和公民教员推动的。1935 年 8 月，为了确保党义教育在学校的顺利推行，教育部颁发《中等学校公民教员训育主任工作大纲》，其中规定公民教员和训育主任的职责在于确保党义教育在学校的顺利实施，使党义教育渗透于学生的全部生活之中。[64]当然，政府的此项规定在多大程度上得以实现取决于各级学校的配合程度。那么，瑞华中学党义教育的实施状况如何？瑞华中学 1930-1933 年的报告显示该校无专任的党义教员，皆由训育主任兼任之，并且无额外工资待遇。在此期间，刘泽生、刘世勋、傅炳林先后由胶县党部推荐到该校任职。训育主任每周上八节"党义公民"课，每个年级每周两到三节。[65]由以上信息可知，该校在四年之内更换了三个训育主任兼党义教员，可见此职位更换频率之高。在如此短的时间内，教员对学校和学生的了解必然不够彻底，在开展训育和党义工作时应该也无法很好地发挥。而且，兼任党义教员成为训育主任不计报酬的分内之事。对于额外增加的工作负担，训育主任不免会有怨言和不满。在这样的环境和情绪下，训育主任的工作自然不会太过出色。再者，瑞华中学在 1931-1933 年党义教育实施概况的四份报告中，其中三份都只写了一句话，"务使学生明了关于党义的书籍，如三民主义、五权宪法、民权初步等"[66]。1933 年的学校调查报告中根本未提及党义教育一事。[67]如此种种，瑞华中

63 胶县教育局：《严加限制学生罢课等活动问题》，1932 年 12 月 10 日，049-001-0004-0029，潍坊档案馆藏。

64 胶县政府：《胶县县政府训令》，1935 年 9 月，049-001-0011-0060，潍坊档案馆藏。

65 胶县教育局：《各级学校训育主任及党义教师迅速依法报名及聘用检定》，1930 年，049-001-0002-0001；山东省政府教育厅：《瑞华中学调查表》，1931 年 11 月 5 日，049-001-0005-0004；山东省政府教育厅：《山东省私立瑞华初级中学调查表》，1932 年 6 月 3 日，049-001-0005-0002；山东省政府教育厅：《瑞华中学调查表》，1932 年 11 月 2 日，049-001-0005-0001；胶县教育局：《瑞华初级中学调查表》，1932 年 4 月 29 日，049-001-0005-0003（1）；胶县教育局：《瑞华初级中学调查表》，1932 年 11 月 10 日，049-001-0005-0003（2）山东省政府教育厅：《胶县私立初级中学调查表》，1933 年 12 月 25 日，049-001-0008-0002，潍坊档案馆藏。

66 山东省政府教育厅：《瑞华中学调查表》，1931 年 11 月 5 日，049-001-0005-0004；山东省政府教育厅：《山东省私立瑞华初级中学调查表》，1932 年 6 月 3 日，049-001-0005-0002；山东省政府教育厅：《瑞华中学调查表》，1932 年 11 月 2 日，049-001-0005-0001，潍坊档案馆藏。

67 山东省政府教育厅：《胶县私立初级中学调查表》，1933 年 12 月 25 日，049-001-0008-0002，潍坊档案馆藏。

学党义教育的实施成果实在与国民政府培养学生爱国爱党思想的目标相差甚远，其结果也应该不会如政府当局所愿。

国民政府欲对学生实施全面控制，只靠毫无衡量尺度的党义教育是无法达到目的的。因此，除了通过训育教育和党义教育对学生实施思想控制以外，国民政府希冀通过童子军教育对学生进行严密的身体控制。[68]事实上，党义教育和童子军教育是相辅相成的。童子军教育可以强壮学生的体格，也可以培养学生成为国家军队的有生力量。但是，如果学生的思想倾向于左翼甚至政府的敌对势力，那么童子军教育培养的学生便成为国家统治最强大的隐患。所以，在学校同时推行党义教育和童子军教育便可以培养出忠于党和国家的富有战斗力的学生群体。

图3-2：童子军训练时期的瑞华中学师生合影（1937年）

（Alice Rinell Hermansson 提供）

---

68 从身体史的角度论述中国的军事教育参见：（法）米歇尔·福柯：《规训与惩罚》，刘北成、杨远婴译，北京：生活·读书·新知三联书店，2007年；黄金麟：《历史、身体、国家：近代中国的身体形成》，台北：联经出版事业公司，2001年；黄金麟：《近代中国的军事身体建构，1895-1949》，中央研究院近代史研究所：《中央研究院近代史研究所集刊》（第43期），第173-221页。

1934 年 8 月，教育部规定："自二十三度起，公私立初级中学应以童子军为必修科，修习时间定为三年，每年度每星期实施三小时，课内一小时，课外二小时。"[69] 为了推进童子军在学校切实有效地实行，政府颁发了大量的训令。1934 年 11 月，教育部规定："童子军训练成绩应与体育成绩合并计算，但童子军训练不及格学生亦作为体育不及格论。"[70] 童子军训练与体育成绩挂钩就将童子军训练纳入了学生课业负担之内，这样的安排使得学生为了顺利毕业必须认真参与童子军训练。面对政府的重重压力，瑞华中学提交了成立童子军团的申请。1936 年 11 月 23 日，瑞华中学的申请获得通过，被编为中国童子军团第 2301 团。[71] 1937 年 1 月，教育部公布了《初级中学童子军管理办法》，并要求各级学校遵照办理。[72] 此文件包括 14 章共 87 条，规定了童子军的总则、组织、服装、请假、外出、食堂规则、寝室规则、教室规则、操场规则、野外规则、值日勤务、风纪守卫和诊断规则。这些规则对学生的言行举止加以严格且极为细化的规定，在无形中控制着每个学生的身体。久而久之，当这种外在的强迫控制变成学生身体的自我约束时，政府便达到了通过童子军教育对学生进行规训的目的。

尽管童子军主管部门制定了众多法令以保证童子军训练在各学校切实有效地开展，但是瑞华中学在实施方面却没有那么顺利。首先就课时安排而言，从教育厅 1936 年制定的《初级中学教学科目及各科每周教学时间表》[73] 来看，学校每周要上 31 节课，体育及童子军课占据了四节，与英语和算术课时相同，仅次于课时最高的国文（五节）。面对当时会考和升学的压力，各学校便自行增加科目和上课时间，对于规定每周四节的体育课和童子军课更是怠慢。[74] 就瑞华中学来说，1931 年，瑞华中学聘请青岛市童子军服务员训练班服务

---

69 胶县政府：《为童子军为各校必修科费用》，1934 年 5 月，049-001-0009-0065，潍坊档案馆藏。

70 胶县政府：《童子军训练二十二年度起为必修科》，1934 年 5 月，049-001-0009-0044，潍坊档案馆藏。

71 中国童子军总会：《关于为编定中国童子军第 2301 团颁发各项证件的通知》，1936 年 11 月 23 日，049-001-0016-0001，潍坊档案馆藏。

72 山东省教育厅：《关于发初级中学童子军管理办法的训令》，1937 年 5 月，049-001-0019-0006，潍坊档案馆藏。

73 胶县政府：《关于为教学科目及时数 表已公布并通令自 25 日起实施的训令》，1937 年 1 月，049-001-0018-0005，潍坊档案馆藏。

74 胶县政府：《关于为教学科目及时数表已公布并通令自 25 日起实施的训令》，1937 年 1 月，049-001-0018-0005，潍坊档案馆藏。

员杨绳武担任教练。1932 年，杨辞职后，该校童子军训练停止。1933 年，瑞华中学聘请李鹏久担任该校教练，才重新开始童子军训练，直至 1936 年成立童子军团。瑞华中学因为教练空缺的缘故而终止童子军训练长达一年的时间，这也可以看出学校对童子军训练的忽视。

其次是童子军教练员问题。为了提高童子军教练员的质量以更好地为童子军团服务，山东省教育厅遵照教育部训令于 1934 年创办了童子军教练员训练班。[75]1935 年，教育厅规定公私立学校教练员均由教育厅亲自委派。[76]1935 年 8 月、1936 年 9 月和 1937 年 3 月，教育厅先后委派赵世恕、侯金成、路汝才担任瑞华中学童子军教练员。[77]但是，李鹏久自 1932 年开始担任该校体育兼军事训练员，并且在瑞华中学申请成立童子军团的表册中以童子军教练员的身份登记备案。[78]瑞华中学此举显然有与教育厅委派教练员叫板的意味。

再次是童子军的经费问题。教育部规定所有童子军设备费应由各校计入预算内作为经常费，并且童子军在初中实施后，童子军制服要作为学生制服。[79]也就是说，学校因为童子军训练又增加了一项额外支出。瑞华中学对于每月增加十余元童子军训练费[80]并未提出异议，但是对于童子军训练员的薪金问题却与政府当局进行了多番交涉。1934 年 9 月，山东省教育厅规定私立中等学校童子军教练员的薪金由学校自行筹备，并规定了教练员的月薪标准，根据教练员负责班级数目的不同从 30-55 元不等。[81]1936 年 9 月，教育厅派侯金成担任瑞华中学童子军教练员并要求学校按月发给侯金

---

75 胶县私立瑞华初级中学：《本部为童子军教练员或志愿者担任童子军教练员进修意见》，1934 年，049-001-0010-0042，潍坊档案馆藏。

76 胶县政府：《胶县县政府训令》，1935 年 8 月，049-001-0011-0049，潍坊档案馆藏。

77 山东省教育厅：《为派赵世恕兼贵校童子军教练》，1935 年 8 月，049-001-0013-0048；胶县政府：《为派侯金成为该校童子军教练员，并按规定发给月薪》，1936 年 11 月，049-001-0014-0060；胶县政府：《关于为委任路汝才为童子军教练员的训令》，1937 年 3 月，049-001-0018-0020，潍坊档案馆藏。

78 中国童子军总会：《关于为编定中国童子军第 2301 团颁发各项证件的通知》，1936 年 11 月 23 日，049-001-0016-0001，潍坊档案馆藏。

79 胶县政府：《为童子军为各校必修科费用》，1934 年 5 月，049-001-0009-0065，潍坊档案馆藏。

80 中国童子军总会：《关于为编定中国童子军第 2301 团颁发各项证件的通知》，1936 年 11 月 23 日，049-001-0016-0001，潍坊档案馆藏。

81 胶县政府：《童子军教练员月薪标准》，1934 年 5 月，049-001-0009-0055，潍坊档案馆藏。

成薪金。[82]瑞华中学以学校经费困难为由要求缓派侯金成赴任，但是教育厅拒绝了瑞华中学的申请，并要求学校立即接收侯金成。[83]1936 年 11 月 5 日，胶县政府再次对瑞华中学重申了此项命令。[84]面对政府的步步紧逼，瑞华中学提出因学校经费困难只付给侯金成每月 18 元薪金的要求。1936 年 11 月 20 日，省教育厅电报称同意瑞华中学的申请，但是要求学校在下学期必须按照法定数目支给侯金成薪金。[85]1937 年 3 月，胶县政府转饬省教育厅训令，因瑞华中学童子军教练员侯金成他调，再派路汝才接任该校童子军教练。[86]侯金成在瑞华中学任职的时间只有短短 4 个月，而且大部分属于学校寒假放假期间，所以侯金成在瑞华中学的实际任职时间就更加短暂了。侯金成费尽周折才进入瑞华中学，为什么会刚刚赴任就离开？这除了与上面提到的与原有童子军教练李鹏久的职位冲突外，还有教练员的薪金问题。在前文已提到教育部规定教职员的最低薪金为 30 元，但是瑞华中学却只给侯金成 18 元的薪金。每月 18 元的开支对于学校来说本就是上级强迫的额外开支，而 18 元的月薪对于侯金成而言又太过不公，所以此次事件最终以侯金成的离开而结束。

这里仍有一个疑问，瑞华中学以学校经费困难申请缓派童子军教练员侯金成赴任，并且只发给侯金成 18 元的月薪。那么，经费困难以致于无法支付教练员的月薪是学校的真实状态，还是瑞华中学不愿接受外派的童子军教练作出的推辞？从资料来看，经费困难的确是瑞华中学面临的一大问题。根据山东省教育厅 1929 年对全省各县市教会学校的调查，胶县共有三所教会学校——瑞华初级中学、爱德女学（小学）、信义小学。其中瑞华初级中学月需千元左右，由浸信会按月供给；爱德女学拥有基金三万元，由天主教提供；信义小学月需两千一百元，由信义会提供。[87]仅与胶县两所教会小学相比，瑞华

82 胶县政府：《关于教练员月薪标准》，1936 年 11 月，049-001-0014-0060，潍坊档案馆藏。

83 胶县政府：《为缓派童子军教练员》，1936 年 11 月，049-001-0014-0081，潍坊档案馆藏。

84 胶县政府：《关于初级中学童子军教练员一缺》，1936 年 11 月，049-001-0014-0069，潍坊档案馆藏。

85 胶县政府：《为童子军教练员薪金》，1936 年 11 月，049-001-0014-0053，潍坊档案馆藏。

86 胶县政府：《关于为委任路汝才为童子军教练员的训令》，1937 年 3 月，049-001-0018-0020，潍坊档案馆藏。

87 山东省政府教育厅：《山东省政府教育厅第二次工作报告（自民国十八年十月至二十年六月）》，第 80 页。

中学的经费也显得太过紧张。1934 年 5 月，瑞华中学向各会筹集捐款。接到捐款单之后，诸城会直到 7 月 29 日议会中做出决定"本会无力捐助，可以将捐单寄回胶县"。[88]其实，诸城会曾多次收到过各会建堂等的捐款单，该会都无一例外地发动捐款，而这次是诸城会唯一拒绝的一次捐款。可见，尽管瑞华中学完成了立案，但是此占用教会大量资源办学的做法仍旧未能得到同事的支持，瑞华中学在孤立无援的境遇中学校财政日趋紧张。1934 年 8 月 23 日，胶县教育局转饬省教育厅训令："私立瑞中，经常费异常短绌，职教员待遇太薄，应饬该校董会赶筹经费巩固学校基础，而免有中辍之虞。"[89]可见，瑞华中学的经费短绌问题已过于明显并受到省教育厅的关注。

那么，瑞华中学的财政状况究竟如何？根据瑞华中学校董会二十年度（1931 年）的预算清册来看，学校的收入包括校董会的保管经费和学费，共8200 元。其中，瑞华浸信会提供 7000 元，学生交纳学费 1200 元。学校的预计支出包括薪工、设备费、办公及消耗费和修缮费。其中，薪工支出 6084 元，占学校总支出的 74.2%。薪工包括教员薪金、职员薪金和校役工人的薪金。其中教员四名，分别是算术教员、美术兼史地教员、体育兼军事训练教员和童子军训练员，前三位老师的薪金为每年 600 元，童子军训练员的薪金为每年480 元（月薪 40 元）。[90]1936 年，瑞华中学依旧接受瑞华浸信会 7000 元的拨款，在校学生依旧交纳学费，所以该校的收入和支出应该不会有太大的改变。的确，瑞华中学经费困难是事实，但是经费困难是长期存在的问题，而且这一问题也没有影响先前童子军训练员的薪金开支。但是，面对省教育厅亲自委派的童子军教练员，瑞华中学却以经费困难为由发给 18 元的月薪，而这只比瑞华中学校役工人每月 12 元的月薪多 6 元。所以，经费困难应该只是瑞华中学不希望省教育厅委派的童子军教练员到校任职的借口。

那么，瑞华中学为什么会极力推辞省教育厅委派的童子军教练员到该校任职？事实上，瑞华中学排斥的并非童子军教练本身，而是外派的童子军教练与省教育厅的关系。童子军教练不仅是国民政府童子军训练的具体推行者，也是要求学校积极配合的实际督导者。学校中被安插一位上级委派的童子军

---

88 《诸城浸礼会记录》，C4-143，1934 年 5 月 27 日，1934 年 7 月 29 日，诸城档案馆藏。

89 胶县政府：《胶县县政府训令》，1935 年 8 月，049-001-0011-0047，潍坊档案馆藏。

90 胶县私立瑞华初级中学：《瑞华初级中学二十年度拟定预算书清册》，1931 年，049-001-0003-0033，潍坊档案馆藏。

教练，瑞华中学的内部事务都会受到监督，这是瑞华中学管理者绝对不希望发生的事情。所以，瑞华中学极力推辞省教育厅委派的童子军教练也在情理之中。

四、结语

二十年代的非基督教运动使收回教育主权的主张深入人心。[91]南京国民政府成立之后虽然终结了非基督教运动，但是收回教育主权却因为民众的要求成为势在必行之事。加上此时民族主义的高涨和国民政府的党国体制，使得南京国民政府更加希望掌控国家的教育主权。但是受制于条约体制和西方列强的政治压力，国民政府不可能完全取缔教会学校。因此，要求教会学校立案从而将其纳入国家掌控的教育体系成为国民政府收回教育主权的首要之选。立案之后，构成教会教育体系的教会大学、教会中学和教会小学全部被纳入国民政府的教育体系之内。但是，国民政府对立案之后教会学校特别是教会中学的控制力达到怎样的程度仍然是学界有待解决的问题。

事实上，对作为国民教育重要组成部分的教会中学，政府的教育行政部门和地方当局不可能对其放任自流。相对于先前政府放手不管的态度，南京国民政府对教会学校的控制力度的确有所加强。从国民政府颁布的文件来看，政府对立案教会学校的控制可谓细微而精致。但是，事实上这些政策与具体实施之间却存在着极大的落差。从国民政府方面来看，政府教育政令的实施需要地方政府的落实，但是中央统治的弱势和政府基层组织的薄弱使得这些政令无法切实有效地推行。就党化教育而言，由于地方政府和地方党部自成系统，加上国民党中央倾向于将地方政治交由地方政府掌控，地方党部实际上依附于地方政府。[92]所以，如果没有地方政府的支持，地方党部根本不可能顺利地推行党化教育。其次，政府教育政令的贯彻落实需要学校的配合，但

---

91 非基督教运动和收回教育权运动的相关研究：Ka-Che Yip, *Religion, Nationalism and Chinese Students: The Anti-Christian Movement of 1922-1927*, Western Washington, 1980; J.G.Lutz, *China Politics and Christian Missions*, Cross Cultural Publication Inc., 1988; 杨天宏：《基督教与民国知识分子：1922 年-1927 年中国非基督教运动研究》，北京：人民出版社，2005 年；陶飞亚：《"文化侵略"源流考》，《文史哲》，2003 年第 5 期；杨翠华：《非宗教教育与收回教育权运动（1922-1930）》，《思与言》，1979 年第 3 期。

92 王奇生：《党政关系：国民党党治在地方层级的运作（1927-1937）》，《中国社会科学》，2001 年第 3 期。

是如果政府未设立对违反规则学校的惩罚制度，那么这些政令便无法真正达到规训的目的。国民政府颁布的教育文件大部分只是命令性质，很少涉及惩罚条款。并且，对于违反政令的立案学校，国民政府也未对其施加惩罚。所以，国民政府对教会学校的控制固然有所加强，也只能是一种相对弱化的控制，实际上教会学校仍拥有较大的生存空间。

从教会学校方面来看，在国民政府的步步紧逼之下，立案是教会学校处境化的选择。对于宗教而言，处境化就是"宗教在保持自己的核心精神和主要教义不动摇的前提下，努力融入该民族的语言系统、传统文化、风俗习惯和社会现实等等所构成的生存处境之中，以便获得理解和接纳，得到广泛的传播。"[93]也就是说，瑞华中学向国民政府立案并不意味着对国民政府的完全臣服，而是为了自身的生存和发展必须对国民政府所编织的政治环境进行的妥协。立案后的教会学校依然是差会教育事工的核心部分，必须遵从差会基督教化的教育宗旨。所以，立案只意味着教会学校教育方针的部分调整，绝不是教育宗旨的根本改变。其次，既然已经立案，瑞华中学再无被勒令取缔的危险，国民政府虽可从政策和管理层面从外部对教会学校进行很多干预，但毕竟学校内部管理的实施者是校长，而校长必须对校董事会负责，校长如果违背校董会的意愿，丢掉的就是饭碗，而校董会的背后往往能清晰地看到差会的身影。再次，瑞华中学对国民政府并不存在经济上的依赖，也不会为了争取国民政府的经济拨款而强制自身实施各项政策。

总之，南京国民政府对教会学校的控制大多只表现在精致而细微的文件上，从而为教会学校赢取更多自由的生存空间提供了可能。所以，面对政治环境对教会学校生存和发展的冲击，瑞华中学在坚守立场的情形下积极因应，将政治的消极影响降到最低，在宗教与政治之间努力寻找着平衡和支撑点。

---

93 赵士林、段琦主编：《基督教在中国——处境化的智慧》（上册），北京：宗教文化出版社，2009 年，第 2 页。

图 3-3：悬挂中华民国五色旗的瑞华中学内景

（Alice Rinell Hermansson 提供）

第四章　战争中传教士的身份和处境[1]

　　马洛亚捂着胸膛，朝鸟枪队员们走去。他的容貌使他具有了威严，这些鸟枪队员脸上都有些惊惶和尴尬。如果马牧师能口吐出一串洋文，再挥舞几下手臂，鸟枪队员们也许会灰溜溜退出，即便不口吐洋文，哪怕说几句洋腔洋调的中国话，鸟枪队员们也不敢放肆，但可怜的马牧师竟用地地道道的高密东北乡腔调说："弟兄们，您们要什么？"说完，还对着五个鸟枪队员鞠了一躬。

　　……鸟枪队员们嘻嘻哈哈地笑起来，他们像观赏猴子一样上上下下地打量着马牧师，那个嘴巴歪斜的鸟枪队员还用手指揪了一下马牧师耳朵眼儿里长出来的长毛。

　　"猴子，啊啊，一只猴子。"一个鸟枪队员说。

　　"我抗议！"马洛亚喊叫着，"我抗议！我是洋人！"

　　"洋人，你们听到了没有？"歪嘴巴鸟枪队员说，"洋人还会说高密东北乡土话？我看你是个猴子与人配出来的杂种……"[2]

1　关于近代传教士与战争的研究多集中于战争期间传教士的外交角色和义和团运动期间传教士的遭遇和日本侵华期间传教士的境遇，主要著作有：河大进：《晚晴中美关系与社会变革：晚晴美国传教士在华活动的历史考察》，南昌：江西人民出版社，1998 年；Paul A. Varg, *Missionaries, Chinese, and Diplomats: the American Protestant Missionary Movement in China*（1890-1952）, Rrinceton University Press, 1958; James Reed, *The Missionary Mind and American Missionaries*, M. E. Sharpe, Inc, 1990; Edmund S. Wehrle, *Britain, China and the Antimissionary Riots, 1891-1900*, Minneapolis: University of Minnesota Press, 1966; Brian Stanley, *The Bible and the Flag: Protestant Missions and British Imperialism in the Nineteenth and Twentieth Centuries*, Leicester: England Apollos, 1990.

2　莫言：《丰乳肥臀》，北京：作家出版社，2012 年，第 76 页。

在莫言先生笔下，马洛亚起先凭借洋人的面貌使"别动队"有所顾忌，继而又因为说一口地道的高密东北乡土话被称为"假洋鬼子"和"狗汉奸"，其不同于本地人的外貌亦遭到公然的耻笑。在被侮辱、打骂、中枪之后，马洛亚终究不堪忍受而选择坠楼身亡。或许可以这样理解，正是马洛亚太过本土化的言行使其丢失了保护自身免受伤害的洋人外衣。这里似乎出现了一个悖论，太多时候特别是义和团运动期间，传教士因为代表了异类而受到排斥或者被杀；但是，现在的马洛亚却因为过于被同化而遭到耻笑羞辱甚至面临死亡。瑞华浸信会在华传教期间经历的战争时段大致分为：中外战争时期、排外运动时期和日本侵华时期。在三个不同的阶段，传教士在战争中的处境不断地改变着传教士的身份，使其在"他者"和"自我"之间流离。

一、逃亡或坚守：传教士的信任危机

图4-1：甲午中日战争期间逃难的传教士（1894年）

从左到右：第一排：谢万禧夫人和幼子、谢万禧夫妇孩子、任桂香、任汝霖

第二排：令约翰、谢万禧、任其斐（Alice Rinell Hermansson 提供）

　　任其斐夫妇和安娜女士到达中国加入令约翰传教队伍的第二年，甲午中日战争爆发。1894 年底，战争由平壤和辽东半岛蔓延至山东半岛。为了在鲁传教士的安全起见，各国理事会要求传教士撤往安全地带。平度美南浸信会的谢万禧牧师（W. H. Sears）和 Randle 邀请任其斐夫妇和即将成婚的令约翰夫妇一起到烟台避难。1895 年 2 月 5 日，8 位传教士和 6 个孩子从平度出发前往烟台，并于 8 日安全到达。不过，一群人却在短短的四天里经历了各种磨难。除了极低的气温、凛冽的寒风以及无法找到歇脚之处以外，传教士们更是遭到途经村落居民的驱赶。他们敲击着各种器物，并点燃大炮以吓走这些外国恶魔。[3]可以说，任其斐等人在这次战争中所遭遇的灾难，除了不可抗的自然因素之外，还在于其"他者"的容貌和身份。当时的乡村民众对于国外尚没有具体的概念，将长相特殊的人都称为外国人，甚至认为这些长着大鼻子的人是正与中国兵戎相见的日本人。[4]

　　除了与任其斐等人一起避难的谢万禧等，同样身为美南浸信会传教士的浦其维（Cicero Washington Pruitt）等人并未听从美国理事会的安排到烟台避难，而是选择留守黄县。浦其维 1882 年达到中国，到甲午中日战争爆发，他已在黄县生活了十年有余，并与当地民众形成了相对友善的关系。浦其维的妻子安娜（Anna Pruitt）写到："在芝罘的美国领事认为，我们住的位置处于危险地段，便再三发来警告的电报。美国军舰约克镇号（the U. S. Gunboat Yorktown）多次沿着海岸航行，接应处于危险中的传教士们。但我们自信，邻居都很友善，便拒绝离开那里。我们的安全从未受到过威胁，那是一种在非常状态下的安全。"[5]

　　对比任其斐和浦其维两队人的心态和境遇，我们或许可以这样理解：在甲午中日战争期间，真正造成传教士处境迥异的原因在于他们与当地人的熟识程度和被接受程度。其实，由于时代和文化等各方面因素的局限，乡村民

3　"Escape to China"（1895），Lennart John Holmquist, *Foreign Devils-A Swedish Family in China: 1894 to 1951*, 2012-12-13, http://www.switzerland-traveler.com/Family-Archives/Rinell-Book/006-Table-of-Contents.htm

4　"Escape to Chefoo"（1895），Lennart John Holmquist, *Foreign Devils-A Swedish Family in China: 1894 to 1951*, 2012-12-13, http://www.switzerland-traveler.com/Family-Archives/Rinell-Book/006-Table-of-Contents.htm

5　（美）安娜·普鲁伊特，（美）艾达·普鲁伊特：《美国母女中国情——一个传教士家族的山东记忆》，程麻等译，程麻校，北京：中国文史出版社，2011 年，第91 页。

众对于自身生活之外的世界了解甚少，这样便使其对外来人和异己者存在本能的排斥。正如安娜所言："一些来自远方省份的部队经过黄县到位于威海卫的要塞去。当地人夸张地威胁说，等他们把东边的鬼子杀完以后，会再回黄县来收拾这里的人。中国人并不觉得，那些来自遥远云南省的军队和他们一样是真正的人。他们普遍相信，那些人只有一部分像人，他们有尾巴，身体上还有洞，可以像铜钱一样串在一起。"[6]对于有着相同相貌且同属中国人的南方人，当地民众都有着如此的设想。那么对长相迥异且贸然闯进他们生活圈子的外国人，当地民众将其拒之门外，并想方设法地加以驱逐便是情理之中的事情了。

不过，战争的魅力之处在于它会将一切事物推向非常态存在，而人民的心理也会随之变得紧张、不安和多疑。所以，即使自认为处境相对安全的浦其维等人也在小心地维护当地人的信任并避免引起当地人不必要的猜忌。安娜写到，"如果我们让他们有理由相信我们是与敌人结盟的，公众则会立即转而反对我们。"[7]从安娜的担心可以想见，当地民众对他们并非完全信任，甚至有怀疑他们是敌人的可能。所以，他们不仅要面对战争的威胁，更要努力向当地人证明其为友而非敌的身份。此外，为防止日军对传教士所在区域的轰炸，浦其维等人精心制作了美国国旗，并准备悬挂在住处。但是，考虑到中国人对国旗的存在和作用并无概念，且担心当地人会认为传教士在向敌人发出信号，故而选择放弃。[8]幸运的是，传教士们的努力使其赢得了当地民众更多的好感和信任。安娜继而写道："在日本人进攻之后，人民对我们的态度有了明显改变。我们已通过事实证明了自己是无私的，从此以后，我们已被视为平民而不再是外国侨民。"[9]面对战争的威胁，浦其维等人选择留守

---

6 （美）安娜·普鲁伊特，（美）艾达·普鲁伊特：《美国母女中国情——一个传教士家族的山东记忆》，程麻等译，程麻校，北京：中国文史出版社，2011年，第91页。

7 （美）安娜·普鲁伊特，（美）艾达·普鲁伊特：《美国母女中国情——一个传教士家族的山东记忆》，程麻等译，程麻校，北京：中国文史出版社，2011年，第92页。

8 （美）安娜·普鲁伊特，（美）艾达·普鲁伊特：《美国母女中国情——一个传教士家族的山东记忆》，程麻等译，程麻校，北京：中国文史出版社，2011年，第93页。

9 （美）安娜·普鲁伊特，（美）艾达·普鲁伊特：《美国母女中国情——一个传教士家族的山东记忆》，程麻等译，程麻校，北京：中国文史出版社，2011年，第

黄县与当地民众共患难，此时传教士与当地民众一样成为战争的受难者，从而使得传教士的"他者"的身份开始向"自我"转变。

如果说，传教士在甲午中日战争中是旁观者的话。那么，德国侵占胶州湾和随后爆发的义和团运动便将传教士推向了风口浪尖。德国侵占胶州湾一事，对于任其斐等人而言，是德国和中国人的战争，他们仍旧是旁观者。但是，因为战争蔓延至胶州，危及到了当地民众的切身利益，所以对德国人愈加仇视，而对于国籍概念模糊的当地乡民而言，任其斐等人与德国人不存在任何差别，并自然地将其归类于侵略者的行列。

1897 年 11 月 20 日，当令约翰完成巡回布道回到胶州时，发现胶州已驻扎了 200-300 名德国士兵。传教士们清楚地意识到，必须在这场战争中保持局外人的身份，否则便会招来诸多麻烦。但是，尽管极力避免，他们终究还是被拉入了一场当地人因为此次战争而发起的没有硝烟的信任之战。当地反对者指责德国人进占胶州是由于任其斐和令约翰的传教活动，更有人坚持认为是他们带领德国士兵到了胶州。传教士们担心如果这些谣言被胶州市民接受的话，将会严重威胁到他们的生命安全，于是极力向当地民众证明了谣言的虚假性。不过，传教士们利用几年时间努力在民众中建立起来的些许信任终究还是因为德国士兵的入侵而变得支离破碎。本就困难重重的传教事业陷入更深的危机之中，尽管传教士们努力工作，但是仍旧收效甚微。[10]令约翰曾经回忆说，"我们感觉到民众之间有着神秘的表情并窃窃私语，但是却不知道到底是什么。如果现在的话，他们应该会告诉我们，因为他们对我们的信任增加了。"[11]很显然，令约翰清楚地意识到当时的处境在于传教士和当地民众之间的信任感太过薄弱，而绝大部分原因在于传教士"他者"的身份。当 1948 年令约翰写下这段话的时候，他相信 50 余年的相处以使其与当地民众建立了完全的信任。且不论，在民众意识里令约翰是否已不再是"他者"，但是在令约翰的心目中当地民众已是"自我"了。

---

97 页。

10 "Germans Take Tsingtao and Kiaohsien"（1897），Lennart John Holmquist, *Foreign Devils-A Swedish Family in China: 1894 to 1951,* 2012-12-13, http://www.switzerland-traveler.com/Family-Archives/Rinell-Book/006-Table-of-Contents.htm

11 J. E. Lindberg, *Kinaminnen och fältupplevelser*, Stockholm: Ernst Westerbergs Boktr.-AB. , 1948, p.36.

二、"他者"的灾难：排外事件中的传教士

瑞华浸信会传教士在华期间曾经历了多次排外事件并深受其害。在这些事件中，作为他者的传教士成为攻击的目标甚至遭受生命安全的威胁。在此状态下，传教士们只能积极向本国或其它西方势力需求救助，而这更加凸显了传教士他者的身份。本节试以义和团运动、五卅运动和北伐战争期间的排外事件对此问题进行简要论述。

义和团运动期间，大量传教士和教民被杀。一时间，紧张和恐怖的气氛再次笼罩于传教士周围。在此期间，任其斐收到潍县发来的电报："潍县已被攻破，传教士逃走，但是义和团穷追不舍，明晚高密的铁路将会被毁，接下来就是胶州。"收到电报之后，任其斐等人简单收拾了行李连夜逃往青岛。在路上，得到德国士兵的援助并于 1900 年 6 月 29 日顺利抵达青岛。所幸的是，瑞华浸信会传教士们并无伤亡。一个月之后，传教士返回胶州时，欣喜地发现他们的房屋并未被破坏，中国教民也没有受到迫害。其实，到 1900 年为止，瑞华浸信会只有 6 位信徒，[12]而且并无教堂或礼拜堂，如此小的群体可能并不足以引起匆忙行军的义和团的重视，这可能是该会能够躲过此劫的原因。

面临义和团的进攻，浦其维等人仍然选择坚守。经过甲午中日战争的洗礼，他们对于邻人间的信任有了更多的自信。安娜回忆到："我们的领事再三要求我们撤退到芝罘，在那里可以受到美国炮舰的保护。然而，我们仍对日本人打过来时曾有的幸运记忆犹新，希望这次骚乱也能够很快过去。我们对自己的中国邻人的友善很放心，不喜欢那种在中国基督徒的生命有危险的时候离开他们的想法。"[13]但是，传教士们的乐观却因邻人的刻意回避和冷漠而逐渐消散。他们开始发现，"人们的态度有了明显变化。我们的非基督徒学生们都要求回家，说是想看望生病的奶奶。当我们每天按惯例散步时，惊讶地发现以前那些总是微笑着打招呼的面孔，突然变得惶恐失措了。"[14]在义

---

12 H. J. Danielson & K. A. Modén Etc, *Femtio år i Kina*, Stockholm B.-M: s Bokförlags A.-B., 1941, p.45.

13 （美）安娜·普鲁伊特，（美）艾达·普鲁伊特：《美国母女中国情——一个传教士家族的山东记忆》，程麻等译，程麻校，北京：中国文史出版社，2011 年，第 115 页。

14 （美）安娜·普鲁伊特，（美）艾达·普鲁伊特：《美国母女中国情——一个传教士家族的山东记忆》，程麻等译，程麻校，北京：中国文史出版社，2011 年，第 116 页。

和团看来，传教士是攻击和消灭的对象。但是在邻人们的心目中，传教士仅仅是受到攻击的他者，所以敬而远之以求自保，绝对没有必要为着与他者的友好关系而危及生命。正是义和团的攻击和民众的漠视最终将传教士推向孤立的境地，幸而传教士可以借着西方势力以寻求保护从而免于被残杀的命运。

五卅惨案发生时，刚到中国不久的司德馨正在北京学习中文。[15]当时五卅惨案的消息被各大媒体争相报道，而一时间席卷各地的学生运动更让她印象深刻。[16]此时，学生游行针对的是五卅惨案的直接参与者日本和英国，所以司德馨依旧是局外人的心态，甚至到街上参观示威游行的队伍。所以，当在旅途中遭遇中国人力车夫的拒载时，她仍旧极力地解释自己瑞典人，而非英国人。[17]此时，尽管司德馨以局外人的身份自居，但是在中国人看来其不仅是"外来者"，更是抵制的对象。但是，随着学生运动的进一步高涨，司德馨对于局外人的自我身份认知开始发生改变，"当我在写这封信的时候，我还能听到街上学生的喊叫，可能新一轮反对英国和日本的游行又要开始了。看起来，中国并非仅仅希望谈论上海的事情，他们想要的是谈论与外国在华势力相关的所有事情，并希望摆脱所有的外国统治。这个要求的确是公平的，但是中国是否足够成熟到来处理这些事情是值得怀疑的。政府毫无控制力，现在真正控制国家的是学生。但是，就长远来看，这是不可能的。将来在这里的工作可能非常得困难。"[18]对于到达中国尚且不足一年的司德馨而言，不太可能对中国的现状和民众的心理有着如此深刻的认知，这些判断和观点很可能来自本会的传教士或者报刊的评论。换句话说，这种观点已经成为传教士内部的一种共同认知，即五卅运动的发展态势最终会影响传教事业的发展。此时，在中国民众的心目中传教士是帝国势力侵华的组成部分，当然也是侵害中国主权的他者，这是传教士成为攻击目标的主要原因。与义和团运动相比，传教士在五卅运动期间面对的攻击者不再是少数动乱的团民，而是绝大多数的中国民众。不过，此时的传教士并不存在生命安全的威胁，而这种局面被北伐战争时期的排外所打破。

在日益高涨的民族主义和爱国主义情绪的影响以及党派势力的推动下，参与北伐的将士屡次制造反基督教事件，而北伐军攻克南京之后制造的暴力

15　Letter from Doris to her parents, May 28 1925.
16　Letter from Doris to her parents, June 5 1925.
17　Letter from Doris to her parents, June 20 1925.
18　Letter from Doris to her parents, July 11 1925 .

排外的"南京事件"[19]将此推向顶峰。在此之后，传教士们因为生命安全的威胁而变得愈发紧张。1927 年 4 月 2 日，在司牧师夫妇共同签名的家书中讲到他们切实存在的危机感，"南京和上海已经被北方给丢了。美国公使要求所有的美国人到安全的地方，比如青岛。学校被迫关闭。我们将会发生什么？没有军舰等着接应我们，如果一旦有任何事情发生，我们会逃到日本去。"[20]南京事件血淋淋的教训使得传教士们更加担心在中国的处境，并为自身的安全积极寻求出路。为了保护侨民的安全，各国将军舰驶入中国内海。面对日本派兵进驻山东一事，司大卫指出"这意味着我们会更加安全，但是从另一方面来讲，这也使中国人对外国人充满更多的敌意。应该逃到日本吗？我们必须认真考虑一下这件事情。"[21]可见，尽管司大卫认为日本兵的进驻会保护传教士的安全，却也担心外国势力的进驻会招致中国民众更多的敌意。在司大卫看来，日本是保护传教士安全的"自我"，中国民众成为制造威胁的他者。即使在"济南惨案"发生之后，司大卫仍然认为日本进驻山东是其生命安全的保障。[22]很显然，司大卫做出此判断的前提预设在于将日本视为"自我"。当然，在生命安全面对严重威胁的战争年代，未曾顾忌异国民众的民族情感而倾向于"自我"的势力是极为合理和正常的选择，所以我们无以苛求古人。不过，就中国民众而言，这种选择已使其彻底完成了向"他者"的转变。

三、战争的中立者：日本侵华时期的瑞华传教士

目前学术界关于侵华时期基督教史的研究已有部分成果。[23]只是，学者们

---

19 南京事件: 1927 年北伐军队攻占南京时的暴力排外事件。南京城内和下关的外国领事馆、教堂、学校、商社、医院、外侨住宅均遭到侵犯和洗劫。金陵大学副校长文怀恩（Dr. J. E. Williams，美国人）和震旦大学预科校长（意大利人）遇害。另外，外国侨民死亡人数为英国 2 人，美、法、日、意各 1 人。美国受伤 3 人，英、日各 2 人受伤，另有英舰"绿宝石"号上的一名英国水兵在江右军发炮还击时阵亡。外国领事馆和侨民财产损失难以计数。

20 Letter from Doris and Eric to her parents, April 2 1927.

21 Letter from Eric to Doris' parents, June 3 1927.

22 Letter from Doris to her parents, May 27 1928.

23 相关研究：邢福增：《中国基要主义者的实践与困境——陈崇桂的神学思想与时代》，香港：建道神学院，2001 年；刘家峰、刘天路：《抗日战争时期的基督教大学》，福州：福建教育出版社，2003 年；姚西伊：《中国基督教唯爱主义运动》，香港：基道出版社，2008 年；陈智衡：《太阳旗下的十字架——香港日治时期基督教会史（1941-1945）》，香港：宣道出版社，2009 年；马敏：《抗战期间教会大

在对抗战时期的传教士进行描述时，大多会选择战争发生当下传教士的活动；对传教士活动的描述也大多倾向于社会救济和政治活动。如此，便忽略了基本的事实，尽管日本侵华长达八年的时间，但是中国特定区域内发生战争的时间和规模都是极为有限的。所以，传教士要面对的往往不是战争当下的生命威胁，而是如何在日伪统治区内生存和传教的问题。在分析沦陷区传教士的遭遇时，学者大多将太平洋战争爆发作为分界线，之前传教士在日伪统治下继续传教活动，之后传教士被关入集中营，其传教活动随之终止。但是，对于瑞华浸信会而言，因为其教会所属国瑞典在二战中保持中立地位，所以太平洋战争爆发之后，该会传教士不仅免于被囚禁，且继续开展传教活动。也就是说，对于瑞华浸信会而言并不存在战争分期问题。在本节中，笔者将主要论述作为战争中立者的传教士如何在"自我"与"他者"的身份转变中继续传教事业。

1938 年 1 月 15 日，日军进驻胶县城。[24]1938 年 5 月，受日方控制的胶县县政府成立，高尚文任县长，标志着胶县进入日伪统治时期。此时，传教士们的任务是如何在与日伪政权的较量中继续传教事业。在讨论这个问题之前，我们先来看一下传教士所面对的对手。在全面侵华之前，日本曾对西方在华文化事业进行过三次调查，并分别于 1925、1929 年和 1938 年公布了调

学的西迁——以华中大学和湘雅医学院为例》，《华中师范大学学报》（哲学社会科学版），1996 年第 2 期；余子侠：《抗战时期教会高校的迁变》，《抗日战争研究》，1998 年第 2 期；刘家峰：《近代中日基督教和平主义的命运——以徐宝谦与贺川丰彦为个案的比较研究》，《浙江学刊》，2007 年第 2 期；杨天石：《王克敏、宋子文与司徒雷登的和平斡旋——抗战时期中日关系再研究之五》，载氏著《抗战与战后中国》，北京：中国人民大学出版社，2007 年；徐炳三：《近代中国东北基督教——以政教关系为研究视角（1867-1945）》，博士学位论文，华中师范大学，2008 年；张龙平：《调适、规划与重建——抗战时期的中华基督教教育会》，《抗日战争研究》，2010 年第 3 期；周东华：《赴国难、爱教育：浙江基督教教育的抗日救亡运动探析》，《抗日战争研究》，2011 年第 2 期；徐炳三：《伪满体制下宗教团体的处境与应对——以基督新教为例》，《抗日战争研究》，2011 年第 2 期；赵晓阳：《抗日战争时期中国基督教青年会军人服务部研究》，《抗日战争研究》，2011 年第 2 期；胡令远、袁瑒：《抗日战争时期在中日两国的美国传教士作用之比较》，《日本研究》，2010 年第 2 期； Paul A. Varg, Missionaries, Chinese, and Diplomats: the American Protestant Missionary Movement in China, 1890-1952, New York: Princeton University Press, 1958.

24 "Japanese Take Tsingtao and Kioahsien（1938）", Lennart John Holmquist, Foreign Devils-A Swedish Family in China: 1894 to 1951, 2012-12-13, http://www.switzerland-traveler.com/Family-Archives/Rinell-Book/006-Table-of-Contents.htm

查结果。[25]由于此时日本尚未控制山东，所以三份对胶东区域的调查报告仅限于青岛市区或者实力和影响较大的教会学校，而规模尚小的瑞华中学并未出现在调查报告之中。日本侵占山东之后，重新对辖区内的教会学校进行了详细的调查统计。在《山东省胶县教会设立各级学校状况表》中未曾出现瑞华中学的信息。文件中解释为"瑞华中学尚未恢复，无从查填。"[26]事实果真如此吗？

　　1947年1月，瑞华中学校长王逢荣在报告该校于敌伪时期的办理情形时讲到，"事变肇使，本校仍持旧度，勉强结束二十六年度上学期课程，至寒假期间，日军侵入胶城，人心惴栗秩序紊乱，全城妇孺纷纷逃入校内，校舍改为妇孺收容所，数月无法开学，致使停顿两学期。至二十八年二月，日人展开奴化教育，本校因鉴青年歧路之危，遂经与校董商定，召集原有教员学生进行复课，为求掩护潜隐，更名为瑞华圣经学院补习班，在瑞典人任汝霖为院长之下，以谋对外策应，内则堵塞校门别开小户，以避通衢招目，改体育场为农田，免资敌用，千方计避不与敌人发生纤微关系，既不接受敌伪法令，亦从未参加其政治活动。"[27]由此可知，当时的瑞华中学并非"尚未恢复"，而是在瑞华圣经学院[28]的掩护下继续办学。瑞华中学之所以做出如此决断自然出于多方面的考虑。其一，瑞华浸信会属于瑞典所有，而瑞典国在二战中宣布中立，所以日本无权侵占瑞典国的任何财产。其二，瑞华中学以瑞华圣经学院的身份出现就摆脱了国民政府私立学校的身份，而被列入瑞典国财产。第三，圣经学院的身份也使瑞华中学免于接受日伪教育。

---

25 外务省文化事业部：《欧美人在支那的文化事业》（1929年11月），B10070611600，亚洲历史资料中心，2012-03-22，http://www.jacar.go.jp/　外务省文化事业部：《欧美人在支那的文化事业》（1938年3月），B10070615900，亚洲历史资料中心，2012-03-22，http://www.jacar.go.jp/

26 胶县县公署教育科：《山东省胶县教会设立各级学校状况》，J101-09-1012-001，山东省档案馆藏。

27 瑞华中学：《关于私立瑞华中学在敌伪时期办理情形及工作经过省政府与胶县政府的来往文件》，J101-12-0206-003，19470100，山东省档案馆藏。

28 日军侵入胶城之后，瑞华中学随之关闭。瑞华浸信会利用瑞华中学的校舍开办了一所两年制的圣经学院。1938-1939年间，任桂香在胶州设立的妇女查经班和高密的短期圣经班并入胶州瑞华圣经学院。1940年，第一届两年制学生毕业。1939年该校改为三年制，故三年制第一届毕业生于1942年毕业。1939年，校长王华亭以开办补习班为名私下召集学生复课。学校复课后，将原来的教室做出调整使得瑞华中学与瑞华圣经学院比邻而立。两个学校使用共同的老师，但对外统一称为瑞华圣经学院。

　　尽管摆脱了国民政府对宗教教育的禁止，避开了日伪的奴化教育，但是瑞华中学并未成为日军统治下的世外桃源，政治上要面对日方的询问和突击检查，而经济上的拮据更对其传教工作和生活产生了无处不在的压力。尽管面临种种困难，瑞华中学在战乱中艰难度日，甚至还扩大了学校的规模。据统计，瑞华中学 1940 年，有 15 名毕业生，1941 年有 12 名，1942 年有 24 名，1943 年有 9 名。1943 年 9 月，瑞华中学开学时，学校大约有 55 名新生。[29]1943 年新生于 1946 年毕业，成为瑞华中学第 32 届毕业生，共有 46 名毕业生，[30]是瑞华中学毕业生最多的一届。

图 4-2：瑞华中学第 32 届毕业生合影（1946 年）

（Alice Rinell Hermansson 提供）

29 Lennart John Holmquist, *Foreign Devils-A Swedish Family in China: 1894 to 1951*, 2012-12-13, http://www.switzerland-traveler.com/Family-Archives/Rinell-Book/006-Table-of-Contents.htm

30 王逢荣：《为呈送本县私立瑞华初级中学三十二届毕业生表册恭请核备由》，J101-12-206-01-001，1947 年 10 月 18 日，山东省档案馆。

可以说，日本侵占时期的瑞华浸信会虽然面临重重困境，但是却凭借其中立国的背景免于被日军侵占，该会的传教士也因此免于被监禁的厄运。在此期间，该会传教士和传道人等负责人积极与日伪政权周旋，努力推进教会的各项事业稳定发展，并成功地维持了该会瑞华中学的正常开办，培养了一批优秀的学子。在漫长的战争岁月中，传教士与当地的民众建立了更加依赖和相互信任的关系，不过这却远远不足以清除传教士与普通民众政治身份的差别。在太平洋战争爆发之后，英美各国传教士被关入集中营，唯一的原因在于他们是交战国的子民，在这一点上他们似乎承受了比中国民众更加惨重的压迫。尽管，瑞华浸信会的传教士因为战争中立国国民的身份而免于承受其它传教同人悲惨的命运。但是，他们却始终未曾远离战争所带来的伤痛。诸城会的令约翰便曾遭受过日军部队的侵扰和羞辱。为了维护自身的权益，令约翰向瑞典大使馆控诉，并受到了瑞典大使的高度重视，瑞典大使通过外交手段向日本政府表示了抗议。[31]可以这么说，尽管生活于日伪统治区的传教士不得不面对日本军方某些突如其来的刁难和侵扰，但是作为战争中立国国民却可以通过外交手段保护自身的权益。可以说，这一阶段的传教士始终在"自我"与"他者"的身份中游离。

四、结语

当瑞华浸信会的三位先贤在此地域开展传教活动时，甲午中日战争尚未爆发；胶州湾并不属德国管辖，胶澳租界尚未建立，胶济铁路并不存在；8 年之后，义和团运动爆发，传教士被迫逃亡青岛避难；22 年以后，日本第一次侵占青岛，再次使胶州卷入战争；1920 年代，胶州-诸城-高密无可避免地被卷入中国的漩涡之中；1938 年，日军占领了瑞华浸信会宣教的所有区域，并开始了在此长达 7 年的殖民统治。可以说，瑞华浸信会在华传教的六十年间经历了诸多的战争。尽管战争造成的社会无序和人心的恐慌不可避免地对传教士群体形成威胁，但是传教士在历次战争中的不同身份却使其心境与社会境遇有着诸多的差别。

当然，战争中的传教士并非孤立存在的群体，他们必然与战争的中国社会和民众产生接触。那么，战争究竟对传教士和周边民众的关系产生了怎样

---

31 J. E. Lindberg, *Kinaminnen och fältupplevelser*, Stockholm: Ernst Westerbergs Boktr.-AB. , 1948, pp.53-54.

的影响？在笔者看来，此种关系的衡量尺度在于"自我"与"他者"间彼此信任的程度。在传教士和中国邻里的意识中自然而然地存在着"自我"与"他者"的区别。战争带来的恐怖气氛会在一定程度上加深彼此间对两者差别的认定，从而使得双方间的信任下降，甚至于互相怀疑和猜忌。当然，信任下降的程度也受到诸多方面的影响。首先，双方间关系的亲密程度。如果双方在非战争状态下既已建立了良好的互相信任的关系，那么在战争状态下的猜忌便相应得淡薄，对于两者差别的认定也会更小。相反，如果双方本已存在互相怀疑和猜忌的关系，那么战争状态会使双方间的关系迅速恶化。其次，传教士在战争中的身份问题。如果传教士所属国是战争的发起者，那么周边民众对于传教士的信任和态度必然会直线下降。但是，如若传教士同样是战争的受害者，那么民众对其的态度会相对和善。从另一方面来讲，战争的压力在一定程度上也会削弱彼此对于两者差别的认定。传教士在战争中对难民的庇护和照顾使得诸多的难民对传教士的猜忌和结缔消失，甚至接受基督教信仰，而战争期间瑞华浸信会信众显著增长便是最好的例证。

不可否认，莫言小说中马洛亚的死是战争中传教士与周边民众关系的典型事例。虽然马洛亚因其外貌的不同而受到当地民众的心理排斥，但是在数十年的岁月中，马洛亚的身份在当地民众意识里已从"他者"转化为"自我"。在权力极度膨胀的当地武装者看来，杀害马洛亚与普通民众并无差别，至于将会引起的外交争端自然也不会在他们的考虑范围之内，由此便发生了本书开始时传教士马洛亚的人生悲剧。

余 论

近年来，在中国基督教史研究中，重建吉尔兹提倡的"地方观点"和建立一个以中国基督教群体为中心的历史观成为中国基督教史研究的新趋向。不过，这一研究取向存在一个基本的预设，即基督教在中国的本色化。值得注意的是中国基督教的本色化进程尚未完成，神学体系尚在构建之中。在近代中国基督教历史中间，西方差会和传教士从未在中国基督教的历史中缺席。所以，从整个传教团体的角度考察基督教与本土社会的关联，既可以探讨基督教本色化进程中的本土元素，也避免忽略差会和传教士的作用与影响。

普通传教团体大致包括差会和教会两个部分，就具体的人员构成来讲，则包括传教士、中国同工和本土信徒三个部分。事实上，教会的本色化进程是由上述诸多元素共同推动的。首先，差会和传教士始终处于该传教团体的中心地位。瑞华浸信会是该会的最高决策机构，它操控着该会宣教方略和重大决策的制定权。而且，该会财政和日常事务的管理之权属于瑞华浸信会传教士会议。所以，该会本色化的政策和举措主要是由差会和传教士制定的。但是，由于两者鲜明的"他者"身份使得其所进行的努力无法完全契合中国信徒的想象，所以取得的本色化的成果也无法满足信徒的要求。其次，中国信徒本就是瑞华浸信会本色化进程中的主要推动群体，他们的存在便是该会本色化的一部分。尽管没有管理权，但是中国同工却在传道、教育、医疗、慈善等方面积极行使着教会事务的参与权，并成为服务教会的主体人群。广大的普通信众是该会本色化最庞大的参与者。以信徒群体为中心构成的家族网络、血缘网络和地缘网络是基督教传播的主要路径，而这些根植于中国社会的本土元素使得基督教在传播的过程中既已具有了本色化的特性。

除了教会自身本色化的努力，当地社会的文化和政治因素对教会本色化的影响同样不容忽视。就文化的区域性而言，诸城是鲁文化故地，尊崇传统、注重儒学。在此传教的令约翰采取相对保守的传教方略，这除了其受到了美南浸信会和内地会的影响之外，与诸城当地的社会文化不无关系。与之形成鲜明对照的是，任氏家族在胶州相对现代的传教方式应该也受到胶州开放和兼容并包的齐文化氛围的影响。就本色化程度而言，诸城会注重通过中国的本土元素传播基督教，故而其本色化程度要高于胶州会。就政治的地方性而言，在政治的具体运作过程中，并不存在一个统一的、整体的"中国政治"，因为政治总是在具体的时空之下，由具体的人物进行操作的，所以同一时期的各地政权即使在相同的政策导向下，也可能会做出各不相同的反应。相应地，教会也会随着地方政权政策的改变做出相应的调整以争取教会在当地的生存空间。一般而言，地方政权对教会的控制力度越强，教会的本土元素便相对地加强，继而推动着该会的本色化进程。

值得注意的是，教会的发展程度与本色化并无直接的关联。本色化只是教会发展过程中的一种自然选择，是教会在传播福音过程中对当地社会文化的自然反应。瑞华浸信会与当地社会的互相影响使得教会显现出诸多本色化的特性，但是由于各种因素的限制，该会的本色化并未达到理想中的程度，从而使得该会呈现出既不同于西方差会也有别于纯粹土生土长的基督教派的特性，进而形成了一个中西文化元素复合下的具有鲜明本土特性的地方教会。

在61年的发展进程中，瑞华浸信会始终进行着从西方差会向地方教会的转变，但是这种转变却无法得到当地社会的完全认同。首先，在教会看来，瑞华浸信会根植于中国社会，服务于中国民众，是属于当地社会的"自我"。但是，在当地民众看来，瑞华浸信会有着不同的信仰，不同的行为方式，始终是不同于自身的"他者"。无论教会的本色化达到何种程度，这种身份认知的差异成为教会融入当地社会的直接障碍。其次，教会的两大主体传教士和中国信徒在"自我"和"他者"的转变中形成了截然相对的两种路径。传教士在与当地社会文化的接触中逐渐由"他者"向"自我"转变，但是中国民众却在成为信徒的一刻起拥有了"他者"的身份，开始由"自我"向"他者"转变。原本受到本土社会认同的信徒被排除于当地社会之外，形成一个相对封闭的基督徒社区，从而使得教会更加难以融入当地社会之中。

后　记

　　左边的老人叫 Alice Rinell Hermansson，是瑞华浸信会先贤任其斐的孙女。她在中国出生，16 岁离开中国，现在依旧可以说一口地道的胶州方言。2012 年，高密东北乡的莫言在瑞典斯德哥尔摩音乐厅捧起了诺贝尔文学奖的证书。她激动地说，"莫言来自我的故乡，我为老乡能够获奖感到高兴。"

2012 年摄于诸城

　　右者为姜暖，诸城教会的牧师，花费了多年时间探寻瑞华浸信会的历史足迹。他曾说，穷其一生，能在文字之间，与古往今来一个又一个鲜活的生命面对、交心，拥抱一下，再走向更远的远方，这本身就是一件极美的事。"已有的事，后必再有。已行的事，后必再行。日光之下并无新事。"【圣经传道书 1：9】

2013 年摄于诸城

左边的老人叫李瑞华，在诸城瑞华浸信会孤女院长大。右边的老人叫 Karin Dahl Bergendorff，是诸城瑞华浸信会创办者令约翰的孙女。2013 年 4 月 16 日，这是两位老人的第一次见面，却一同哼唱着瑞典的歌谣。两位老人哭了，也感动着在坐的所有人。

2012 年摄于胶州

2012 年，瑞华中学校友为纪念该校校长王华亭，募捐为其修建了一座塑像。这张照片拍摄于塑像揭幕典礼上。照片中的老人是殷颖牧师，右边是殷老的题字，"传承瑞华精神，发扬爱心教育"。在典礼上，讲到瑞华中学的岁月，殷牧师数度哽咽，最后向王华亭雕塑深深地行礼以表达对恩师的感激之情。

2012 年摄于胶州

　　左边的老人叫 Bertil Strutz，是司大卫牧师夫妇的长子，中立者是他的妹妹 Barbro Strutz，右立者是他的孙女 Sanna Strutz。Bertil Strutz 和 Barbro Strutz 分别在 1929 年和 1937 年出生于中国，1938 年随父母回到瑞典。老人站立的地方是童年随父母居住过的房子。很久，老人都没有说话，可是眼圈早已泛红。

　　这位老人叫任德善，1942 年受洗成为瑞华浸信会信徒。当老人看到当年的受洗纪录时，不禁热泪盈眶。他说，"圣经都没有了，你们怎么会有这个？"看着老人的兴奋和激动，我哭了，哭了好久。离开时，老人拉着我的手，让我把名字写下来，这样他就可以每天为我祷告了。当车驶离那个藏在山里的小山村时，我还是忍不住留下了眼泪。老人已经 83 岁了，这很可能是我们的最后一次相见。我

2013 年摄于诸城任家旺村

想，是这位老人让我真真切切地体会到了两年多以来做着这个课题的意义。

太多太多的感动之后，我终于意识到当我竭尽全力地运用着严谨的学术语言和理论来生硬地论述这段历史时，很多人却将这段岁月视为生命中最为宝贵的财富。最后，我只希望本文拙劣的论述不会破坏了这段历史应有的美好。

附 录

1. 该会部分传教士

1-1：文道慎

1-2：左：任其斐夫妇；
右：令约翰夫妇

1-3：令约翰夫妇

1-4：任其斐夫妇

1-5：李安德一家

1-6：白多加

1-7：唐义礼夫妇

唐牧师是该会在华传教士中唯一的殉道者

2. 该会的部分中国传道人

2-1：在胶州工作的中国同工

2-2：王继善，该会第一位中国牧师

2-3：韩凤鸣，该会第二位中国牧师

3. 该会的部分中国教员

3-1：王振华，瑞华小学第一任中文教员

3-2：王华亭，曾任瑞华中学校长

3-3：王华亭参加瑞典百年大会（1947 年）

Wang HuaTing at Graduation

3-4：瑞华中学教员冯赞庭一家

The Fong Zanting family

3-5：瑞华小学校长祁中堂一家

The Qi family, Jiaochow

4. 该会布道事业

4-1：街头布道

4-2：帐篷布道

4-3：信徒在河中受浸

5. 教育事业

5-1：瑞华女校

5-2：瑞华女校

5-3：瑞华男校

Graduation class and teachers. First row ar right: Feng Zanting

5-4：瑞华男校

Graduating students and their teachers. (In the period 1917-1923)

5-5：合并后的瑞华中学

膠縣私立瑞華中學畢業生暨教職員攝影　民國九年十月

5-6：抗日战争时期的瑞华中学

5-7：胶县瑞华圣经学院校徽

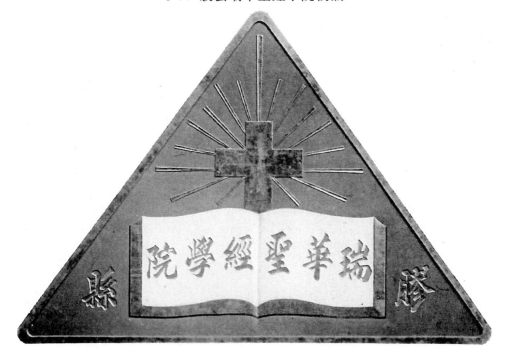

5-8：胶县瑞华圣经学院第一届毕业生

6. 医疗事业（胶县瑞华医院）

6-1：胶县瑞华医院

6-2：胶县瑞华医院工作人员

7. 慈善事业（诸城孤女院）

7-1：孤女院成员合影

7-2：白多加教士和孩子们

8. 历史的见证者

8-1：瑞华浸信会 40 周年纪念大会留影

The 40th Anniversary of the Ruihua Church

8-2：瑞华浸信会 50 周年纪念大会留影

8-3：令约翰等传教士离开中国前合影留念

8-4：传教士后代在诸城教会旧址合影留念

8-5：曾生活于诸城孤女院的李瑞华（姜暖提供）

诸城孤女院院童与院长
Children at the ZHucheng Orphanage and
the Director Matilda Persson

李瑞华　Liruihua

8-6：曾任诸城瑞华小学教员的刘效贵（姜暖提供）

刘效贵　liuxiaogui

9. 传教士的交通工具

9-1：驴

9-2：骡轿

9-3：马车

9-4：自行车

9-5：改装的摩托车

9-6：汽车

10. 教会建筑古今对比

10-1：胶县传教士住宅古今对比图

"The Lidkvist house" in Huayuan, Jiaozhou

10-2：高密传教士住宅古今对比图

10-3：瑞华女中校舍古今对比图

Primary School built 1923

10-4：胶县教堂古今对比图

10-5：高密教堂古今对比图

10-6：诸城教堂古今对比图

说明：本文所有老照片均由 Alice Rinell Hermansson 提供，特此表示感谢。

参考文献

1、官方档案文献

1. 胶县教育局:《关于限期呈报立案的函》, 1929 年 7 月 17 日, 049-001-0023-0005, 潍坊档案馆藏。

2. 胶县教育局:《关于呈报表册准予转呈》, 1929 年 9 月, 049-001-0001-0002, 潍坊档案馆藏。

3. 胶县教育局:《各级学校训育主任及党义教师迅速依法报名及聘用检定》, 1930 年, 049-001-0002-0001, 潍坊档案馆藏。

4. 胶县教育局:《关于各学校校长就职时应举行宣誓仪式的函》, 1930 年 9 月 18 日, 049-001-0002-0009, 潍坊档案馆藏。

5. 胶县私立瑞华初级中学:《瑞华初级中学二十年度拟定预算书清册》, 1931 年, 049-001-0003-0033, 潍坊档案馆藏。

6. 胶县教育局:《本厅参酌本省实际情况拟定私立学校立案》, 1931 年 9 月 18 日, 049-001-0003-0024, 潍坊档案馆藏。

7. 胶县教育局:《瑞华初级中学调查表》, 1932 年 4 月 29 日, 049-001-0005-0003（1）, 潍坊档案馆藏。

8. 胶县教育局:《瑞华初级中学调查表》, 1932 年 11 月 10 日, 049-001-0005-0003（2）, 潍坊档案馆藏。

9. 胶县教育局:《视察情况及视察报告》, 1932 年 11 月 28 日, 049-001-0004-0027, 潍坊档案馆藏。

10. 胶县教育局：《转饬瑞华初级中学立案表册等》，1932 年 12 月 1 日，049-001-0004-0028，潍坊档案馆藏。

11. 胶县教育局：《严加限制学生罢课等活动问题》，1932 年 12 月 10 日，049-001-0004-0029，潍坊档案馆藏。

12. 胶县政府：《关于防范反动份子煽惑学生的函》，1930 年，049-001-0002-0006，潍坊档案馆藏。

13. 胶县政府：《本省胶东一带、谣言繁兴，共党潜滋，亟应严加防范，以遏乱萌》，1931 年 9 月 12 日，049-001-0003-0023，潍坊档案馆藏。

14. 胶县政府：《转发教育人员防共产党活动办法》，1933 年 3 月，049-001-0006-0002，潍坊档案馆藏。

15. 胶县政府：《转中等学校教学课程的令》，1933 年 3 月，049-001-0006-0001，潍坊档案馆藏。

16. 胶县政府：《呈报校长王逢荣请选任董秀夫代理》，1933 年 9 月，049-001-0006-0061，潍坊档案馆藏。

17. 胶县政府：《为代理校长董秀天履历备案》，1933 年 9 月，049-001-0006-0050，潍坊档案馆藏。

18. 胶县政府：《为转王逢荣回校备案》，1934 年 5 月，049-001-0009-0045，潍坊档案馆藏。

19. 胶县政府：《童子军教练员月薪标准》，1934 年 5 月，049-001-0009-0055，潍坊档案馆藏。

20. 胶县政府：《为童子军为各校必修科费用》，1934 年 5 月，049-001-0009-0065，潍坊档案馆藏。

21. 胶县政府：《童子军训练二十二年度起为必修科》，1934 年 5 月，049-001-0009-0044，潍坊档案馆藏。

22. 胶县政府：《胶县县政府训令》，1935 年，049-001-0011-0012，潍坊档案馆藏。

23. 胶县政府：《胶县县政府训令》，1935 年，049-001-0011-0019，潍坊档案馆藏。

24. 胶县政府:《胶县县政府训令》，1935 年 8 月，049-001-0011-0047，潍坊档案馆藏。

25. 胶县政府:《胶县县政府训令》，1935 年 8 月，049-001-0011-0049，潍坊档案馆藏。

26. 胶县政府:《胶县县政府训令》，1935 年 9 月，049-001-0011-0060，潍坊档案馆藏。

27. 胶县政府:《关于教练员月薪标准》，1936 年 11 月，049-001-0014-0060，潍坊档案馆藏。

28. 胶县政府:《为缓派童子军教练员》，1936 年 11 月，049-001-0014-0081，潍坊档案馆藏。

29. 胶县政府:《关于初级中学童子军教练员一缺》，1936 年 11 月，049-001-0014-0069，潍坊档案馆藏。

30. 胶县政府:《为派侯金成为该校童子军教练员，并按规定发给月薪》，1936 年 11 月，049-001-0014-0060。

31. 胶县政府:《为童子军教练员薪金》，1936 年 11 月，049-001-0014-0053，潍坊档案馆藏。

32. 胶县政府:《发取缔禁刊一览表》，1936 年 11 月，049-001-0014-0072，潍坊档案馆藏。

33. 胶县政府:《关于为教学科目及时数 表已公布并通令自 25 日起实施的训令》，1937 年 1 月，049-001-0018-0005，潍坊档案馆藏。

34. 胶县政府:《关于为委任路汝才为童子军教练员的训令》，1937 年 3 月，049-001-0018-0020，潍坊档案馆藏。

35. 胶县私立瑞华初级中学:《关于立案未准的函》，1930 年 1 月 25 日，049-001-0002-0002，潍坊档案馆藏。

36. 胶县私立瑞华初级中学:《关于函知限 15 日内呈报立案》，1930 年 1 月 25 日，049-001-0002-0003，潍坊档案馆藏。

37. 胶县私立瑞华初级中学:《本部为童子军教练员或志愿者担任童子军教练员进修意见》，1934 年，049-001-0010-0042，潍坊档案馆藏。

38. 胶县私立瑞华初级中学：《中学及师范学校教员检定暂行规程》，1934 年 5 月，049-001-0010-0001，潍坊档案馆藏。

39. 山东省教育厅：《瑞华中学调查表》，1931 年 11 月 5 日，049-001-0005-0004，潍坊档案馆藏。

40. 山东省教育厅：《山东省私立瑞华初级中学调查表》，1932 年 6 月 3 日，049-001-0005-0002，潍坊档案馆藏。

41. 山东省教育厅：《瑞华中学调查表》，1932 年 11 月 2 日，049-001-0005-0001，潍坊档案馆藏。

42. 山东省教育厅：《为派赵世恕兼贵校童子军教练》，1935 年 8 月，049-001-0013-0048；

43. 山东省教育厅：《关于发省聘有外籍教职工之中等学校按外国知识工人调查表填报的通知》，1936 年 1 月 10 日，049-001-0017-0004，潍坊档案馆藏。

44. 山东省教育厅：《关于为填报机关聘用外籍人员表格的训令》，1937 年 4 月，049-001-0020-0012，潍坊档案馆藏。

45. 山东省教育厅：《关于发初级中学童子军管理办法的训令》，1937 年 5 月，049-001-0019-0006，潍坊档案馆藏。

46. 外务省文化事业部：《欧美人在支那的文化事业》，1925 年 12 月，B10070610900，2012-12-15，http://www.jacar.go.jp/

47. 外务省文化事业部：《欧美人在支那的文化事业》，1929 年 11 月，B10070611600，2012-12-15，http://www.jacar.go.jp/

48. 外务省文化事业部：《欧美人在支那的文化事业》，1938 年 3 月，B10070615900，亚洲历史资料中心，2012-03-22，http://www.jacar.go.jp/

49. 中国童子军总会：《关于为编定中国童子军第 2301 团颁发各项证件的通知》，1936 年 11 月 23 日，049-001-0016-0001，潍坊档案馆藏。

50. 《为私立瑞华初中添设高中部与省政府的来往文件》，1946 年 9 月---1946 年 10 月，J101-09-1169-021，山东省档案馆藏。

51. 《据胶县县政府呈送教育科职员资历表件请核委一案》，1946 年 10 月 27 日，J101-09-76-001/2，山东省档案馆藏。

52. 《关于私立瑞华中学在敌伪时期办理情形及工作经过省政府与胶县政府的来往文件》，1947 年 1 月，J101-12-0206-003，山东省档案馆藏。

53. 《为私立瑞华中学流亡青岛复课情况给省府》，1947 年 6 月 1 日，J101-09-0910-11，山东省档案馆藏。

54. 《据呈报私立瑞华初级中学毕业生表件指令遵照由》，1947 年 11 月 5 日，J101-12-206-01-001，山东省档案馆藏。

55. 《据转呈县立初中及私立瑞华初中毕业生成绩》，J101-12-122-03-004，山东省档案馆藏。

2、瑞华浸信会文献

1. 《河圈浸信会名目册》，H/D-5，诸城市档案馆藏。

2. 《瑞典浸礼会在中国传教指南》，1941，H/Z-20，瑞典文，诸城市档案馆藏。

3. 《瑞典浸礼会在中国传教指南》，1942，H/Z-21，瑞典文，诸城市档案馆藏。

4. 《瑞典浸礼会在中国传教指南》，1943，H/Z-22，瑞典文，诸城市档案馆藏。

5. 《瑞典浸礼会在中国传教指南》，1944，H/Z-23，瑞典文，诸城市档案馆藏。

6. 《瑞典驻胶州浸礼会活动记录》，1930-1938，H/D-12，瑞典文，诸城市档案馆藏。

7. 《瑞典驻诸城浸礼会财务帐 I》，1904-1918，H/D-8，瑞典文，诸城市档案馆藏。

8. 《瑞典驻诸城浸礼会财务帐 II》，1918-1937，H/D-9，瑞典文，诸城市档案馆藏。

9. 《驻诸城浸礼会活动记录 I》，1912-1917，H/D-10，瑞典文，诸城市档案馆藏。

10. 《驻诸城浸礼会活动记录 II》，1917-1945，H/D-11，瑞典文，诸城市档案馆藏。

11. 《驻诸城浸礼会活动账簿》，1929-1944，H/D-13，瑞典文，诸城市档案馆藏。

12. 任其斐、令约翰、侯述先：《山东瑞华浸信会50周年纪念集》，青岛瑞华浸信会出版社，1941年。

13. 《山东瑞华浸信会第二十三届年议会报告书》，高密浸信会堂，1943年10月28日-31日。

14. 钟星五、任其斐、王继善：《山东瑞华浸信会历史》，双珠印书馆，1926年。

15. H. J. Danielson & K. A. Modén Etc, *Femtio år i Kina,* Stockholm B.-M: s Bokförlags A.-B., 1941.

16. J. E. Lindberg, *Baptisternas Kinamissioner,* Stockholm: Ernst Westerbergs, 1913.

17. J. E. Lindberg, *Kinaminnen och fältupplevelser,* Stockholm: Ernst Westerbergs Boktr.-AB. , 1948.

18. Matilda Persson, *Among Abandoned Girls in China, the story of the Orphanage in Zhucheng,* Stockholm: Ernst Westerbergs, 1948.

19. J. A. Rinell, *De svenska baptisternas kinamission, Åren 1890-1905,* Stockholm: Ernst Westerbergs, 1906.

20. J. A. Rinell, *Svenska Baptistmissionen i Kina, Ett 40-årsminne,* Stcokholm B.-M: s bokförlags A.-B., 1931.

21. J. A. Rinell, & Swordson J, *Bax are upproret och föförljelserna mot de kristna i Kina 1900-1901,* Stcokholm: Baptisternas Förlagsexpedition, 1927.

3、私人文献

1. 司牧师夫妇（Eric Strutz, Doris Strutz）家书

2. 杨荣道牧师（Martin Jansson）家族史

3. 任其斐（Rinell J.A.）家族史

4、地方文献

1. 胶县地名编纂委员会:《山东省胶县地名志》，胶县地名委员会，1984年。

2. 胶州市志编撰委员会：《胶州市志》，北京：新华出版社，1992 年。

3. 林修竹编、陈名予校：《山东各县乡土调查录》（第四册），山东省长公署教育科印行，1921 年。

4. 宫懋让修、李文藻等纂：《诸城县志》，清乾隆二十九年刻本。

5. 青岛市史志办公室：《青岛市志·宗教志》，北京：新华出版社，1997 年。

6. 山东省胶县委员会文史资料研究委员会：《胶州文史资料》，1-17 辑。

7. 山东省地方志编撰委员会：《山东省志·教育志》，济南：山东人民出版社，2003 年。

8. 山东省地方志编撰委员会：《山东省志·宗教志》，济南：山东人民出版社，2003 年。

9. 山东省高密委员会文史资料研究委员会：《高密文史资料》，1-19 辑。

10. 山东省高密县志编纂委员会编：《高密县志》，济南：山东人民出版社，1990 年。

11. 山东省诸城委员会文史资料研究委员会：《诸城文史资料》，1-16 辑。

12. 山东省诸城市志编纂委员会:《诸城市志》，济南：山东人民出版社，1992 年。

13. 叶钟英等修：《增修胶志》，铅印本，1931 年。

14. 王志民主编：《山东文化通览》，济南：山东人民出版社，2012 年。

15. 余有林等修、王照青纂：《高密县志》，民国二十四年铅本，青岛胶东书社承印。

16. 赵琪修、袁荣叟：《胶澳志》，青岛出版社，2011 年。

17. 赵文运、匡超等纂修：《增修胶州志》,民国二十年铅印本，胶县大同印刷社。

5、报刊文献

1. *The Chinese Recorder*（1900-1941）*:* Vol. 11, p. 150, pp. 358-359, pp. 360-363; Vol. 15, p235, p295, p300; Vol. 33, p47; Vol. 66, p737; Vol. 72, p161.

2. 《中华基督教教育季刊》《胶州日报》、《青岛民报》、《青岛时报》、《民言报》、《大民报》、《平民报》

6、主要参考专著和论文

1. 安德生：《瑞典史》，苏公隽译，北京：商务印书馆，1972 年。

2. 奥连：《改教运动与大公教会》，邓肇明编译，香港：道声出版社，1964年。

3. 安娜·普鲁伊特，（美）艾达·普鲁伊特：《美国母女中国情——一个传教士家族的山东记忆》，程麻等译，程麻校，北京：中国文史出版社，2011年。

4. 陈建明、刘家峰主编：《中国基督教区域史研究》，成都：四川出版集团巴蜀书社，2008 年。

5. 程麻编著：《美国镜头里的中国风情——一个传教士家族存留的山东旧影》，北京：中国文史出版社，2011 年。

6. 陈智衡：《太阳旗下的十字架——香港日治时期基督教会史（1941-1945）》，香港：宣道出版社，2009 年。

7. 狄德满：《华北的暴力和恐慌：义和团运动前夕基督教传播和社会冲突》，崔华杰译，南京：江苏人民出版社，2011 年。

8. 段琦：《奋进的历程：中国基督教的本色化》，北京：商务印书馆出版社，2004 年。

9. 段琦、赵士林主编：《基督教在中国——处境化的智慧》，宗教文化出版社，2009 年。

10. 郭大松、田海林编：《山东宗教历史与现状调查资料选》，汉城：新兴出版社，2005 年。

11. 郭大松编译：《中西文化交流的先驱与桥梁——近代山东早期来华基督新教传教士及其差会工作》，北京：人民日报出版社，2007 年。

12. 故宫博物院明清档案部编：《义和团档案史料》，北京：中华书局，1959年。

13. 河大进：《晚晴中美关系与社会变革：晚晴美国传教士在华活动的历史考察》，南昌：江西人民出版社，1998 年。

14. 胡卫清：《普遍主义的挑战：近代中国基督教教育研究（1877-1927）》，上海人民出版社，2000 年。

15. 黄金麟：《历史、身体、国家：近代中国的身体形成》，台北：联经出版事业公司，2001 年。

16. 胶州九鼎轩主人：《海表名邦·百年回眸——胶州老照片》，北京：国际华文出版社，2009 年。

17. 路遥、佐佐木卫编：《中国的家、村村、神神——近代华北农村社会论》，东京：东方书店，1990 年。

18. 路遥主编：《山东大学义和团调查资料汇编》，济南：山东大学出版社，2000 年。

19. 刘家峰：《中国基督教乡村建设运动研究（1907-1950)》，天津人民出版社，2008 年。

20. 刘家峰、刘天路：《抗日战争时期的基督教大学》，福州：福建教育出版社，2003 年。

21. 李榭熙：《圣经与枪炮：基督教与潮州社会（1860-1900)》，雷春芳译，（美）周翠珊校，北京：社会科学文献出版社，2010 年。

22. 林治平主编：《基督教与中国本色化》，台北：宇宙光出版社，1990 年。

23. 林治平主编：《基督教在中国本色：论文集》，北京：今日中国出版社，1998 年。

24. 米歇尔·福柯：《规训与惩罚》，刘北成、杨远婴译，北京：生活·读书·新知三联书店，2007 年。

25. 莫言：《丰乳肥臀》，北京：作家出版社，2012 年。

26. 青岛市博物馆等编：《德国侵占胶州湾史料选编》，济南：山东人民出版社，1986 年。

27. 青岛市档案馆编：《帝国主义与胶海关》，北京：中国档案出版社，1986 年。

28. 山东大学历史系中国近代史教研室编：《山东大学义和团调查资料选编》，济南：齐鲁书社，1980 年。

29. 史蒂亚：《挚爱中华——戴德生》，梁元生译，北京：中国友谊出版社，2006 年。

30. 陶飞亚、刘天路：《基督教会与近代山东社会》，济南：山东大学出版社，1995 年。

31. 陶飞亚、梁元生编：《东亚基督教再诠释》，香港中文大学出版社，2004 年。

32. 陶飞亚：《中国的基督教乌托邦研究-以民国时期耶稣家庭为例》，北京：人民出版社，2012 年。

33. 吴安国：《中国基督教对时代的回应（1919-1926）》，香港：建道神学院，2000 年。

34. 吴立乐（Lila Watson）：《浸会在华布道百年史》，上海：中华浸会书局，1936 年。

35. 王成勉：《文社的盛衰：20 年代基督教本色化之个案研究》，台北：宇宙光出版社，1993 年。

36. 徐松石：《华人浸信会史录》，香港：浸信会出版部，1971 年。

37. 邢增福：《文化适应与中国基督徒（1860-1911）》，香港：建道神学院出版社，1995 年。

38. 邢福增：《中国基要主义者的实践与困境——陈崇桂的神学思想与时代》，香港：建道神学院，2001 年。

39. 杨富雷：《1847-1956 年瑞典赴华传教士事略》，乐黛云、（法）李比雄编：《跨文化对话》（第 21 辑），南京：江苏人民出版社，2007 年，第 92-101 页。

40. 余凯思：《在"模范殖民地"胶州湾的统治与抵抗——1867-1914 年中国与德国的相互作用》，孙立新译，刘新利校，济南：山东大学出版社，2005 年。

41. 殷梦霞，李强选编：《民国铁路沿线经济调查报告汇编》（第 5 册），北京：国家图书馆出版社，2009 年，第 624 页。

42. 姚西伊：《中国基督教唯爱主义运动》，香港：基道出版社，2008 年。

43. 杨天宏：《基督教与民国知识分子——1922 年-1927 年中国非基督教运动研究》，北京：人民出版社，2005 年。

44. 杨天石：《抗战与战后中国》，北京：中国人民大学出版社，2007 年。

45. 殷颖：《悲欢交集的镂金岁月》，台湾：道声出版社，2007 年。

46. 张玉法：《中国现代化的区域研究，山东省，1860-1916》，台北：中央研究院近代史研究所，1982 年。

47. 周锡瑞：《义和团运动的起源》，张俊义、王栋译，南京：江苏人民出版社，1995 年。

48. 张先清、赵瑞娟：《中国地方志基督教史料辑要》，上海：东方出版中心，2010 年。

49. 张宪文等主编：《中华民国史大辞典》，南京：江苏古籍出版社，2001 年。

50. 中国第一历史档案馆编：《义和团档案史料续编》，北京：中华书局，1990 年。

51. 中国社会科学院近代史研究所编：《山东义和团案卷》，济南：齐鲁书社，1980 年。

52. 中国社会科学院考古研究所：《胶州三里河》，北京：文物出版社，1988 年。

53. 中华全国基督教协进会编：《中华基督教年鉴》，上海广学会，1925-1936 年。

54. 中华续行委办会调查特委会编：《中华归主——中国基督教事业统计（1910-1920）》，中国社会科学院世界宗教研究所译，北京：中国社会科学出版社，1985 年。

55. 程翠英：《疏离与忠诚——20 世纪中国基督教本色化历程研究》，《华中师范大学学报（社会科学版）》，2002 年第 4 期。

56. 陈蕴茜：《时间维度中的"总理纪念周"》，《开放时代》，2005 年第 4 期。

57. 段琦：《从中国基督教历史看教会的本色化》，《世界宗教研究》，1998 年第 1 期。

58. 段琦：《中国基督教的本色化》，《中国社会科学院院报》，2003 年第 3 期。

59. 黄金麟：《近代中国的军事身体建构，1895-1949》，中央研究院近代史研究所：《中央研究院近代史研究所集刊》（第 43 期），第 173-221 页。

60. 胡令远、袁玚：《抗日战争时期在中日两国的美国传教士作用之比较》，《日本研究》，2010 年第 2 期。

61. 刘家峰：《近代中日基督教和平主义的命运——以徐宝谦与贺川丰彦为个案的比较研究》，《浙江学刊》，2007 年第 2 期。

62. 刘家峰：《从差会到教会：诚静怡基督教本色化思想解析》，《世界宗教研究》，2006 年第 2 期。

63. 李恭忠：《"总理纪念周"与民国政治文化》，《福建论坛》（人文社会科学版），2006 年第 1 期。

64. 李向平：《"本色化"与社会化—近代上海—海派基督教的社会化历程》，《上海大学学报（社会科学版）》，2004 年 5 月。

65. 马敏：《抗战期间教会大学的西迁——以华中大学和湘雅医学院为例》，《华中师范大学学报》（哲学社会科学版），1996 年第 2 期。

66. 陶飞亚：《"文化侵略"源流考》，《文史哲》，2003 年第 5 期。

67. 徐炳三：《近代中国东北基督教——以政教关系为研究视角（1867-1945)》，博士学位论文，华中师范大学，2008 年。

68. 徐炳三：《伪满体制下宗教团体的处境与应对——以基督新教为例》，《抗日战争研究》，2011 年第 2 期。

69. 熊秋良：《从政治动员的角度看国民党改组后的"党化教育"》，《江苏社会科学》，2004 年第 6 期。

70. 尹建平：《瑞典传教士在中国（1847-1949)》，《世界历史》，2000 年第 5 期。

71. 燕生东、靳桂云、兰玉富：《山东胶州赵家庄龙山时期稻田遗存的发现及意义》，《中国文物报》，2007 年 11 月 16 日，第 7 版。

72. 杨翠华：《非宗教教育与收回教育权运动（1922-1930)》，《思与言》，1979 年第 3 期。

73. 杨大春：《南京国民政府对教会学校政策论述》，《苏州大学学报》（哲学社会科学版），1999 年第 2 期。

74. 杨富雷（Fredrik Fällman）：《瑞典行道会在湖北六十年记》，刘家峰译，马敏校，章开沅、马敏编：《社会转型与教会大学》，武汉：湖北教育出版社，1998 年，第 303-311 页。

75. 袁征、叶普照:《从教育独立到党化教育:蔡元培教育思想的重要变化》,《深圳大学学报》(人文社会科学版),2003 年第 6 期。

76. 余子侠:《抗战时期教会高校的迁变》,《抗日战争研究》,1998 年第 2 期。

77. 王淼:《国内外关于抗日战争时期基督教研究概述》,《世界宗教研究》,2012 年第 6 期。

78. 王兴、王治心:《中国基督教本色化运动的先锋与杰出的教会史学家》,《中国宗教》,2008 年第 4 期。

79. 王奇生:《党政关系:国民党党治在地方层级的运作(1927-1937)》,《中国社会科学》,2001 年第 3 期。

80. 吴义雄:《自立与本色化——19 世纪末 20 世纪初基督教对华传教战略之转变》,2004 年第 6 期。

81. 吴义雄:《民族主义运动与华南基督教会的本色化》,《学术研究》,2004 年第 12 期。

82. 吴义雄:《华南循道会的本色化之路——以二十世纪前期为中心的考察》,《宗教学研究》,2006 年第 3 期。

83. 邢增福:《本色化与民国基督教教会史研究》,《近代中国基督教史研究集刊》,1998 年 1 期。

84. 张龙平:《调适、规划与重建——抗战时期的中华基督教教育会》,《抗日战争研究》,2010 年第 3 期。

85. 周东华:《赴国难、爱教育:浙江基督教教育的抗日救亡运动探析》,《抗日战争研究》,2011 年第 2 期。

86. 赵晓阳:《抗日战争时期中国基督教青年会军人服务部研究》,《抗日战争研究》,2011 年第 2 期。

87. *Records of the General Conference of the Protestant Missionaries of China Held at Shanghai, May10-24, 1877,* Shanghai: Presbyterian Mission Press, 1878.

88. *Records of the General Conference of the Protestant Missionaries of China Held at Shanghai, May 7- 20, 1890,* Shanghai: American Presbyterian Mission Press, 1890.

89. *Records of the First Shandong Missionary Conference Held at Qing Zhou, November 11-15, 1893,* Shanghai: the Presbyterian Mission Press, 1894.

90. *Records of the Second Shandong Missionary Conference Held at Weifang, October 15-25,* Shanghai: the Presbyterian Mission Press, 1899.

91. *China Centenary Missionary Conference held at Shanghai, April 25 to May 8, 1907,* Shanghai: Conference Committee, 1907.

92. *The China Mission Year Book* （1910-1925）, Shanghai: The Christian Literature Society for China.

93. Alex Armstrong, *Shantung* （China）: *a general outline of the geography and history of the province: a sketch of its missions, and notes of a journey to the tomb of Confucius,* Shanghai Mercury Office, 1891.

94. Alice H. Gregg, *China and Educational Autonomy, the Changing Role of the Protestant Educational Missionary in China 1807-1927*, Syracuse University Press, 1946.

95. Alan Richard Sweeten, *Christianity in Rural China: Conflict and Accommodation in Jiangxi Province, 1860-1900,* Ann Arbor, Michigan: Center for Chinese Studies, The University of Michigan, 2001.

96. Brian Stanley, *The Bible and the Flag: Protestant Missions and British Imperialism in the Nineteenth and Twentieth Centuries,* Leicester: England Apollos, 1990.

97. Britt Towery, *The Pehglai-Pengdu Baptist Memorials: Stories of Baptist Pioneers in Shandong China,* Hong Kong: A Long Dragon Book, 1989.

98. Charles A. Litzinger, *Temple Community and Village Cultural Integration in North China: Evidence from 'Sectarian Cases' in Chihli, 1860-1895,* Ph.D. dissertation, Davis: University of California, Davis, 1983.

99. Daniel H. Bays, *Christianity in China: From the eighteenth century to the present,* Stanford University Press, 1996.

100. Ernest Whitby Burt, *Fifty Years in China, the story of the Baptist Mission in Shantung, Shansi and Shensi*, 1875-1925, London: the Carey Press, 1933.

101. Edmund S. Wehrle, *Britain, China and the Antimissionary Riots, 1891-1900,* Minneapolis: University of Minnesota Press, 1966.

102. Fredrik Johsson, etc, *60 år för Gud i Kina,* Stockholm: Center for Pacific Studies, 1997.

103. Irwin T. Hyatt, Jr. , *Our Ordered Lives Confess: Three Nineteenth Century American Missionaries in East Shantung,* Cambridge, Massachusetts and London, England: Harvard University Press, 1976.

104. Jessie G. Lutz, *China and the Christian College 1850-1950,* Cornell University Press, 1971.

105. Jessie G. Lutz, *China Politics and Christian Missions,* Cross Cultural Publication Inc., 1988.

106. Jessie G. Lutz, Rolland Ray Lutz, *Hakka Chinese Confront Protestant Christianity, 1850-1900, with the Autobiographies of Eight Hakka Christians and Commentary,* New York: M. E. Sharpe, 1998.

107. John J. Heeren, *On the Shandong Front, a history of the Shantung Mission of the Presbyterian Church in the U. S. A. , 1861-1940 in its historical, economic, and political setting,* New York: The Board of foreign missions of the Presbyterian church in the United States of America, 1940.

108. James Reed, *The Missionary Mind and American Missionaries,* M. E. Sharpe, Inc, 1990.

109. Joseph Tse-Hei Lee, *The Bible and the Gun: Christianity in South China,* New York: Routledge, 2003.

110. Ka-Che Yip, *Religion, Nationalism and Chinese Students: The Anti-Christian Movement of 1922-1927,* Western Washington, 1980.

111. Lennart John Holmquist, *Foreign Devils-A Swedish Family in China: 1894 to 1951,* 2012-12-13, http://www.switzerland-traveler.com/Family-Archives/Rinell -Book/006-Table-of-Contents.htm

112. Norman Howard Cliff, *A History of the Protestant Movement in Shandong Province, China, 1859-1951,* Ph. D. dissertation, Buckingham: The University of Buckingham, 1994.

113. Paul A. Varg, *Missionaries, Chinese, and Diplomats: the American Protestant Missionary Movement in China, 1890-1952,* New York: Princeton University Press, 1958.

114. Ryan Dunch, *Fozhou Protestants and the Making of a Modern China, 1857-1927,* New Haven and London: Yale University Press, 2001.

115. Robert Conventry Forsyth, Compiled and Edited, Shantung, *The Sacred Province of China in Some of Its Aspect, being a collection of articles relating to Shantung, including brief histories,* Shanghai: Christian Literature Society, 1912.

116. Rolf Gerhard Tiedemann, *Rural Unrest in North China, 1868-1900: With Particular Reference to South Shandong,* Ph.D. dissertation, London: University of London, 1991.

117. Yang M. C, *A Chinese Village, Taitou, Shandong Province,* New York and London: Columbia University Press, 1965.

致　谢

在论文即将付梓之际，心中充满了感激。

首先要感谢我的导师胡卫清教授。老师是一个安静认真的人，安静地生活，认真地做学问，而我却偏偏是一个聒噪马虎的冒失鬼。三年来，虽说跟着老师做学问，但终究还是因为自己的懒惰懈怠辜负了老师的厚望。三年来，尽管老师每每都要告诫我戒浮戒躁，但是我却时常因着马虎大意而给老师惹麻烦。2011年3月，老师给在外地查档案的我汇款，却因着我弄错了银行卡号差点将几千块钱错汇他人。2012年3月，再次犯迷糊的我填错了香港中文大学暑期班的申请表而惨遭淘汰。之后，除了论文之外，老师又多了一份为我检查各种表格和材料的工作。三年间，对于老师，除了愧疚，最多的还是感恩，感谢您为我的学业和生活所付出的一切。感谢师母在三年时间里对我的关心和照顾，学生铭记于心。

感谢刘天路教授在我论文写作过程中给予的关心和支持，感谢山大近现代史专业的赵兴胜老师、刘培平老师、徐畅老师、刘平老师、董宝训老师、牟东篱老师在学习中的指导和帮助，同样要感谢陶飞亚教授、吴义雄教授、刘家峰教授、张先清教授、徐炳三老师对我论文的意见和建议。感谢尹建平老师、瑞典的杨富雷老师为我研究瑞典教会提供的借鉴，也感谢两位为我提供的珍贵史料和写作建议。

在论文写作过程中，我曾经四次到胶州-诸城-高密一带进行田野调查，并得到了诸多好心人的帮助。感谢胶州教会、高密教会、诸城教会、安丘教会为我提供的各项便利和帮助。感谢台湾的殷颖牧师和青岛的邱芷老师为我提供的珍贵资料和信息。感谢青岛的张福绥院士、胡宝山先生，胶州的冯若彦先生、冯若琦先生、冯若难先生、保国山的宿连祥一家、任家旺村的任德善一家等接受我的采访。感谢青岛的魏静阿姨收留我住在家里。感谢诸城教会的姜暖牧师对我所有的帮助，是您为我提供了诸城教会诸多珍贵的原始资料，是您带领我走遍了青岛、胶州、诸城、安丘的教会和村落，是您让我对当代中国教会有了更为直观的体验和深刻的认识。在旁人看来，我们是工作伙伴，但是在我心目中，您永远是我的老师。

很庆幸，可以跟瑞华浸信会传教士的后人成为朋友。感谢 Alice Rinell Hermansson、Bertil Strutz、Karin Dahl Bergendorff 为我提供的珍贵史料，也感谢三位辛苦地将史料由瑞典文翻译成英文。这些材料成为我论文写作的重要支撑。谢谢你们！

最后，感谢我的家人，感谢你们对我毫无保留的爱和付出。

陈　静

2021 年 11 月 2 日

《基督教文化研究丛书》

主编：何光沪、高师宁

（1-8编书目）

初 编

（2015 年 3 月出版）

ISBN：978-986-404-209-8　　　　　定价（台币）$28,000 元

册 次	作 者	书 名	学科别（／表示跨学科）
第 1 册	刘 平	灵殇：基督教与中国现代性危机	社会学／神学
第 2 册	刘 平	道在瓦器：裸露的公共广场上的呼告——书评自选集	综合
第 3 册	吕绍勋	查尔斯·泰勒与世俗化理论	历史／宗教学
第 4 册	陈 果	黑格尔"辩证法"的真正起点和秘密——青年时期黑格尔哲学思想的发展（1785 年至 1800 年）	哲学
第 5 册	冷 欣	启示与历史——潘能伯格系统神学的哲理根基	哲学／神学
第 6 册	徐 凯	信仰下的生活与认知——伊洛地区农村基督教信徒的文化社会心理研究（上）	社会学
第 7 册	徐 凯	信仰下的生活与认知——伊洛地区农村基督教信徒的文化社会心理研究（下）	社会学
第 8 册	孙晨荟	谷中百合——傈僳族与大花苗基督教音乐文化研究（上）	基督教音乐
第 9 册	孙晨荟	谷中百合——傈僳族与大花苗基督教音乐文化研究（下）	基督教音乐

第 10 册	王 媛	附魔、驱魔与皈信——乡村天主教与民间信仰关系研究	社会学
	蔡圣晗	神谕的再造，一个城市天主教群体中的个体信仰和实践	社会学
	孙晓舒 王修晓	基督徒的内群分化：分类主客体的互动	社会学
第 11 册	秦和平	20 世纪 50－90 年代川滇黔民族地区基督教调适与发展研究（上）	历史
第 12 册	秦和平	20 世纪 50－90 年代川滇黔民族地区基督教调适与发展研究（下）	
第 13 册	侯朝阳	论陀思妥耶夫斯基小说的罪与救赎思想	基督教文学
第 14 册	余 亮	《传道书》的时间观研究	圣经研究
第 15 册	汪正飞	圣约传统与美国宪政的宗教起源	历史／法学

二 编 　（2016 年 3 月出版）

ISBN：978-986-404-521-1　　　　　　定价（台币）$20,000 元

册　次	作　者	书　名	学科别（／表示跨学科）
第 1 册	方 耀	灵魂与自然——汤玛斯·阿奎那自然法思想新探	神学／法学
第 2 册	刘光顺	趋向至善——汤玛斯·阿奎那的伦理思想初探	神学／伦理学
第 3 册	潘明德	索洛维约夫宗教哲学思想研究	宗教哲学
第 4 册	孙 毅	转向：走在成圣的路上——加尔文《基督教要义》解读	神学
第 5 册	柏斯丁	追随论证：有神信念的知识辩护	宗教哲学
第 6 册	李向平	宗教交往与公共秩序——中国当代耶佛交往关系的社会学研究	社会学
第 7 册	张文舉	基督教文化论略	综合
第 8 册	赵文娟	侯活士品格伦理与赵紫宸人格伦理的批判性比较	神学伦理学
第 9 册	孙晨薈	雪域圣咏——滇藏川交界地区天主教仪式与音乐研究（增订版）（上）	基督教音乐
第 10 册	孙晨薈	雪域圣咏——滇藏川交界地区天主教仪式与音乐研究（增订版）（下）	
第 11 册	张 欣	天地之间一出戏——20 世纪英国天主教小说	基督教文学

三　编 （2017年9月出版）

ISBN：978-986-485-132-4　　　　　　　　　　定价（台币）$11,000 元

册　次	作　者	书　名	学科别（／表示跨学科）
第 1 册	赵　琦	回归本真的交往方式——托马斯·阿奎那论友谊	神学／哲学
第 2 册	周兰兰	论维护人性尊严——教宗若望保禄二世的神学人类学研究	神学人类学
第 3 册	熊径知	黑格尔神学思想研究	神学／哲学
第 4 册	邢　梅	《圣经》官话和合本句法研究	圣经研究
第 5 册	肖　超	早期基督教史学探析（西元 1~4 世纪初期）	史学史
第 6 册	段知壮	宗教自由的界定性研究	宗教学／法学

四　编 （2018年9月出版）

ISBN：978-986-485-490-5　　　　　　　　　　定价（台币）$18,000 元

册　次	作　者	书　名	学科别（／表示跨学科）
第 1 册	陈卫真 高　山	基督、圣灵、人——加尔文神学中的思辨与修辞	神学
第 2 册	林庆华	当代西方天主教相称主义伦理学研究	神学／伦理学
第 3 册	田燕妮	同为异国传教人：近代在华新教传教士与天主教传教士关系研究（1807 ~ 1941）	历史
第 4 册	张德明	基督教与华北社会研究（1927 ~ 1937）（上）	社会学
第 5 册	张德明	基督教与华北社会研究（1927 ~ 1937）（下）	
第 6 册	孙晨荟	天音北韵——华北地区天主教音乐研究（上）	基督教音乐
第 7 册	孙晨荟	天音北韵——华北地区天主教音乐研究（下）	
第 8 册	董丽慧	西洋图像的中式转译：十六十七世纪中国基督教图像研究	基督教艺术
第 9 册	张　欣	耶稣作为明镜——20 世纪欧美耶稣小说	基督教文学

五　编 （2019 年 9 月出版）

ISBN：978-986-485-809-5　　　　　　　　　定价（台币）$20,000 元

册　次	作　者	书　名	学科别（／表示跨学科）
第 1 册	王玉鹏	纽曼的启示理解（上）	神学
第 2 册	王玉鹏	纽曼的启示理解（下）	
第 3 册	原海成	历史、理性与信仰——克尔凯郭尔的绝对悖论思想研究	哲学
第 4 册	郭世聪	儒耶价值教育比较研究——以香港为语境	宗教比较
第 5 册	刘念业	近代在华新教传教士早期的圣经汉译活动研究（1807～1862）	历史
第 6 册	鲁静如王宜强编著	溺女、育婴与晚清教案研究资料汇编（上）	资料汇编
第 7 册	鲁静如王宜强编著	溺女、育婴与晚清教案研究资料汇编（下）	
第 8 册	翟风俭	中国基督宗教音乐史（1949 年前）（上）	基督教音乐
第 9 册	翟风俭	中国基督宗教音乐史（1949 年前）（下）	

六　编 （2020 年 3 月出版）

ISBN：978-986-518-085-0　　　　　　　　　定价（台币）$20,000 元

册　次	作　者	书　名	学科别（／表示跨学科）
第 1 册	陈倩	《大乘起信论》与佛耶对话	哲学
第 2 册	陈丰盛	近代温州基督教史（上）	历史
第 3 册	陈丰盛	近代温州基督教史（下）	
第 4 册	赵罗英	创造共同的善：中国城市宗教团体的社会资本研究——以 B 市 J 教会为例	人类学
第 5 册	梁振华	灵验与拯救：乡村基督徒的信仰与生活（上）	人类学
第 6 册	梁振华	灵验与拯救：乡村基督徒的信仰与生活（下）	
第 7 册	唐代虎	四川基督教社会服务研究（1877～1949）	人类学
第 8 册	薛媛元	上帝与缪斯的共舞——中国新诗中的基督性（1917～1949）	基督教文学

七　编　（2021 年 3 月出版）

ISBN：978-986-518-381-3　　　　　　　　定价（台币）$22,000 元

册　次	作　者	书　名	学科别（／表示跨学科）
第 1 册	刘锦玲	爱德华兹的基督教德性观研究	基督教伦理学
第 2 册	黄冠乔	保尔．克洛岱尔天主教戏剧中的佛教影响研究	宗教比较
第 3 册	宾静	清代禁教时期华籍天主教徒的传教活动（1721～1846）（上）	基督教历史
第 4 册	宾静	清代禁教时期华籍天主教徒的传教活动（1721～1846）（下）	
第 5 册	赵建玲	基督教"山东复兴"运动研究（1927～1937）（上）	基督教历史
第 6 册	赵建玲	基督教"山东复兴"运动研究（1927～1937）（下）	
第 7 册	周浪	由俗入圣：教会权力实践视角下乡村基督徒的宗教虔诚及成长	基督教社会学
第 8 册	查常平	人文学的文化逻辑——形上、艺术、宗教、美学之比较（修订本）（上）	基督教艺术
第 9 册	查常平	人文学的文化逻辑——形上、艺术、宗教、美学之比较（修订本）（下）	

八　编　（2022 年 3 月出版）

ISBN：978-986-404-209-8　　　　　　　　定价（台币）$45,000 元

册　次	作　者	书　名	学科别（／表示跨学科）
第 1 册	查常平	历史与逻辑：逻辑历史学引论（修订本）（上）	历史学
第 2 册	查常平	历史与逻辑：逻辑历史学引论（修订本）（下）	
第 3 册	王澤偉	17～18 世纪初在華耶穌會士的漢字收編：以馬若瑟《六書實義》為例（上）	语言学
第 4 册	王澤偉	17～18 世纪初在華耶穌會士的漢字收編：以馬若瑟《六書實義》為例（下）	
第 5 册	刘海玲	沙勿略：天主教东传与东西方文化交流	历史

第 6 册	郑媛元	冠西东来——咸同之际丁韪良在华活动研究	历史
第 7 册	刘影	基督教慈善与资源动员——以一个城市教会为中心的考察	社会学
第 8 册	陈静	改变与认同：瑞华浸信会与山东地方社会	社会学
第 9 册	孙晨荟	众灵的雅歌——基督宗教音乐研究文集	基督教音乐
第 10 册	曲艺	默默存想，与神同游——基督教艺术研究论文集（上）	基督教艺术
第 11 册	曲艺	默默存想，与神同游——基督教艺术研究论文集（下）	
第 12 册	利瑪竇著、梅謙立漢注 孫旭義、奧覓德、格萊博基譯	《天主實義》漢意英三語對觀（上）	经典译注
第 13 册	利瑪竇著、梅謙立漢注 孫旭義、奧覓德、格萊博基譯	《天主實義》漢意英三語對觀（中）	
第 14 册	利瑪竇著、梅謙立漢注 孫旭義、奧覓德、格萊博基譯	《天主實義》漢意英三語對觀（下）	
第 15 册	刘平	明清民初基督教高等教育空间叙事研究——中国教会大学遗存考（第一卷）（上）	资料汇编
第 16 册	刘平	明清民初基督教高等教育空间叙事研究——中国教会大学遗存考（第一卷）（下）	